U0135337

时光深处的绝世风雅
——张爱玲传奇

常晓军 著

天津出版传媒集团

天津人民出版社

图书在版编目 (CIP) 数据

时光深处的绝世风雅 : 张爱玲传奇 / 常晓军著 . --
天津 : 天津人民出版社 , 2023.8
ISBN 978-7-201-19641-1

Ⅰ . ①时… Ⅱ . ①常… Ⅲ . ①张爱玲（1920-1995）
—传记 Ⅳ . ① K825.6

中国国家版本馆 CIP 数据核字（2023）第 139622 号

时光深处的绝世风雅——张爱玲传奇
SHIGUANG SHENCHU DE JUESHI FENGYA——ZHANGAILING CHUANQI

出　　版	天津人民出版社
出版人	刘　庆
地　　址	天津市和平区西康路 35 号康岳大厦
邮政编码	300051
邮购电话	（022）23332469
电子信箱	reader@tjrmcbs.com

责任编辑	岳　勇
封面设计	邓小林
主编邮箱	jfjb-lx2007@163.com

印　　刷	三河市金元印装有限公司
经　　销	新华书店
开　　本	710 毫米 ×1000 毫米　1/16
印　　张	13
字　　数	200 千字
版次印次	2023 年 8 月第 1 版　2023 年 8 月第 1 次印刷
定　　价	59.80 元

人世中，那一抹最美的背影

评论家夏志清曾说：凡是中国人，都应该读张爱玲。

记得有次在前往上海的路上，脑海中突然浮现出张爱玲当年的生活片段，她说："我要你知道，在这个世界上总有一个人是等着你的，不管在什么时候，不管在什么地方，反正你知道，总有这么个人。"她在等谁呢，谁又在等我呢？我不知道，从众多的资料中静观这个灵魂带有香气的女子，她让我感受到我们都是寂寞惯了的人。也可能是她的作品太过于深入人心，以至于有种似曾相识的感觉，即便从那一幅幅定格的背影望过去，也同样美得惊心动魄，就像人生的初识，始终有着暖暖的情意在其中，一缕香息在内心深处飘散着。

透过如风飘散的心，去回首激流洪滔中逝去的往事，那个迷离着的张爱玲风情万种，一袭华丽从落后的时代中款款走来。闪烁的霓虹映衬着特立独行，也彰显着高贵别致，这样的感觉让人读出的全部是孤独。孤独，于张爱玲而言，不仅仅是一个人的朝圣，更是感同身受的刻骨铭心。当年，她毅然脱离家庭一路奔波，辗转中国香港、美国多地，在茫茫红尘中体味着人生百味，为现实安稳努力活着。如果说，张爱玲是朵百媚千红的花，她不一定要倾城倾国，可她的孤独，却注定着要成为精神深处的加冕，这是发自灵魂深处的尊严，也是任性为己的自由。

今生一念执着，相思深处诉流年。综观张爱玲凄美的文字，始终散溢着对生活的深深眷恋，虽然会逐渐在风雨中变成记忆，会在烟消云散中黯然神伤，然而当这些文字成为生命一般如影相随时，孤独就是一瓣瓣被揉碎的月光，无形中将太多的恩爱痴缠，演绎成了相遇和离别。细细想来，无论是黯然神伤，还是依依不舍，其实都是执手相看泪眼的神伤。

曾国藩说：得不足喜，失不足忧。由此看来，生活中那些不曾料到的快意或者失望，无论如何都要用平常心来对待，这样才不会在接近幸福时倍感幸福，在幸福进行时却患得患失。清爽的风吹了来，一缕柔柔的阳光静静地穿过纵横交错的树叶，在无比醉人的色彩中，弥散着浓浓的民国气息。现在看来，即便是每一个泰然自若的人，都怀着一颗饱经沧桑的心。

有时候，回忆总会不经意触及柔弱的心房。尤其是在冬日的暖阳下，带着诸多的眷恋来享受氤氲的茶香时，那些翻飞的落叶忧伤着，这是对逝去年华的哀悼，也是对生命转瞬即逝的牵念，就如同无边无际的蓝色，映衬着万里无云的寂寞，也让所有的一切都成了人生中最美的背影。从早到晚，从春到秋，沿袭着张爱玲漫远而散乱的足迹，可以看到青春的尘光里，分明闪烁着一种姿态，无言却又沧桑，就恍若是翩然起舞的蝴蝶，让自己全身心都投入今生都为文字的执着中。

从某种意义上而言，张爱玲绝对是个痴情至极的人。当年的张岱定然也是个性情之人，独自冒着大雪前往西湖的湖心亭，于天寒地冻的冷寂中找寻清绝的雪景，而她也是为了心中的爱，飞蛾扑火一般而在所不惜。

这道远去的背影，如百转千回的情歌，如轻描淡写的词章，在独恋红尘中逆光而行，在天长地久的盼望中，成为人生中最美的景致，让人难以忘怀，即便是红尘中的一曲离殇。正如诗人汪国真所写：

　　　　背影，总是很简单。

　　　　简单，是一种风景。

　　　　背影，总是很年轻。

　　　　年轻，是一种清明。

　　　　背影，总是很含蓄。

　　　　含蓄，是一种魅力。

　　　　背影，总是很孤零。

　　　　孤零，更让人记得清。

目　录

第一章　浮生若梦

名门望族

风从江面上缓缓吹过来，带着无比沉闷的潮热，似乎连江水都要变热了。放眼过去，繁华景象下的哥特式、罗马式、巴洛克式、中西合璧式建筑，以西式凉亭、中式木楼、欧式灯塔、苏式庭院的形式出现，然后又相互交错汇聚成一道独特的美，演绎在不同的人眼中，便成了大上海的千百种风情，也留下太多难忘的记忆。

这是一座沿江的国际大都市，一直被世界各地肤色的人称之为"魔都"。作为时尚都市的标志，这里充斥着太多的欲望和奢华，无时不刻的喧嚣让人几乎无法静下心来。那情形酷似一位伶俜步态，钟情于纸醉金迷的女子，一辈子讲的都是享受——念的是享受，怨的还是享受。

黄包车在人群中来回穿梭着，眼看着就要撞上了，结果又在车夫的带领下巧妙地躲闪过去，留下了一声声的尖叫和谩骂。油光锃亮的小汽车也是横冲直撞，丝毫不顾及路上的行人，可以想象车内的人是何样的得意洋洋。只有古老的电车在慢悠悠地行驶着，时不时地会停下来，迎来送往各色的人，一任圆润的铃声响彻周围。

在这样的季节里，天气异常燥热也实属正常，尤其是在知了虫抑扬顿挫的伴奏下，十里洋场的风都开始变得慵懒起来，风轻柔地吹着，奢靡而又神秘地掠过了无限风光下的繁华。城市似乎就是一个无休止的大火炉，源源不断地造着热量，大家都在盼望着天气能够快些凉下来，哪怕能有一场及时雨也行。条件优渥的人都惬意地吹着风扇，听着留声机中传出的"夜上海，夜上海⋯⋯"靡靡之音中，依稀可见远处江面上翻滚着白色的泡沫，在一浪又一浪的波涛中汹涌袭来，就连平整的地面也恍若火山，不断地升腾着翻滚的热浪，只需要点火就立即可以燃起来。

于是，那些没有生计的苦力们便四处寻找凉爽的地方，敞着衣服或躺或靠，百无聊赖地谈论着家长里短和奇闻异事，眼神中还操心着会不会突然出现活路。大大小小的狗也是热得趴在地上不动弹，把身体伸得老长，吐着舌头不停地粗喘着气。高高低低的建筑密不透风，树叶也失去了以往的灵动，蜷缩着身体无精打采。当然，谁又会去想属于这座城市的传奇呢，只不过是浑浑噩噩地苟活着。

苏州河是上海人的母亲河，当地人又喜欢亲切地称其为吴淞江。自古以来，这里就是极其重要的水上交通枢纽，凭借着"靠山吃山，靠水吃水"的思想理念，蜿蜒流动的河两岸建起了各色建筑、码头和货栈，成了"海舶辐辏，风樯浪楫，朝夕上下，富商巨贾，豪宗右姓之所会"的贸易港口。这里的繁华是另外的景象，更多是以忙碌来表现，虽然少了外滩独特的霓虹，也看不到租界的精致奢华，但树木掩映下的中国近代工业的发展却是如火如荼。临近苏州河畔有一处里弄，人走进去顿时就有种幽静的感觉，甚至连天也不是那么燥热了，很快就有一座院落出现在眼前，看上去华丽典雅而又充满神秘。院子周围绿茵环绕，透着别有的恬淡闲适在其中，精致的檐角映衬着墙壁上的雕刻，各色的吉祥图案与攀附的藤蔓相映成趣，沿着晶莹透亮的长廊进去，"房间多而进深，后院还有一圈房子供佣人居住；全部大约有二十多个房间。住房的下面是一个面积同样大的地下室，通气孔都是圆形的，一个个与后院的佣人房相对着"①。

或许是建筑的时间过于久远，可见屋顶高高低低的塔松簇拥生长着，旺盛的翠绿下分明就是岁月的沧桑。浑然一体的院子里很安静，似乎有种魔力要让人学会沉思。但对于常年生活在院子里的人来说，这造型独特的老房子，是秦时明月汉时关的落寞，是深邃辽远中的烟火爱情，是极具诱惑下的执手相望。

光线穿过葱茏细密的草木，斑斑点点的光晕便从高处散落了下来，错落有致的空间顿时变得如梦如幻。若不是有人在院落里来回走动，还误以为这里是鸟儿的天堂。草木丛中有人不时驻足张望，细看过去，这些人的脸上都写满焦灼，似乎在期待什么。突然一声"呜哇呜哇"的婴啼，带着势不可当的有力划破了长空，很快就打破了先前的沉寂。婴儿涨红小脸，闭着眼只顾自己扯着嗓门大哭，这初生的叫声更像一场及时雨，为这个家庭带来了开心和凉爽，就连小心翼翼依附着在树上的鸣蝉，也带着嘶鸣仓皇远去。

"恭喜大老爷，张家添了位千金。"只见一位年迈的妇人满脸喜悦，抱着裹得严严实实的新生儿，快步朝着客厅小跑着过来，她的影子似乎在时光中穿越着，浑身上下都带着说不来的喜庆。这个时候，孩子却没

① 倪亚秋、林金枝：《张爱玲笔下的阳台意象透析》，《华文文学》，2013 年第 1 期，第 103—113 页。

了哭声，难道她也知道见的这个人，注定要和自己纠结一生吗？

此时正值阳气上升时际，徐徐江风将明辉的阳光映照在草木上，让这座老房子完全处于一片绯红中，老爷张志沂手持折扇来回晃动着，稳重中有着清绝。听到门外的仓皇而又惊喜的声音，他立即站起身来想出去看个究竟，旋而又重新坐下来，手握书卷十分悠闲。

"老爷，老爷，恭喜！"

"是天塌下来了吗？"

张志沂一边慢悠悠地说着话，一边微微翘着兰花指端起手边的茶盏，悠闲地呷了口茶水，这才起身迈着方步走过来，脸上竟然带着些不屑一顾。老妇人见状连忙上前，轻轻地掀掉脸上的盖布，生怕不小心会伤害到这个小生命。老爷漫不经心地看过去，却发现襁褓中的婴儿长得眉目清秀，看后顿生出浓浓爱意，这才让一脸的沉重散了开来，怜爱地伸出手去触摸孩子的小脸蛋。细细端详了许久，才颇具意味地说："这孩子长得真俊俏，真是金沙逐波而吐瑛啊，干脆就叫煐吧！"

老妇人听后赶紧躬身谢过，才一脸春风地将孩子抱向另一间房屋。

鲜红醒目的日历上面，被重重地标注了张煐的出生日期：1920年9月30日。此时中秋节才过去了四天。

孩子母亲叫黄素琼，此时正气色红润地躺在床榻上，望着家人们进进出出忙碌着，更是感受到孩子降生的喜悦。或许对这个世界太过陌生，胆小的小张煐表现得非常可爱，一动不动地躺在母亲身边，偶尔会发出一两声啼哭。黄素琼出生高贵，自小受尽娇宠，她父亲是广西盐道黄宗炎，祖父是清末长江七省水师提督黄翼升。黄翼升当年为朝廷镇压太平天国运动，后又带领五千水师追随李鸿章，命运也因此发生变化。独子黄宗炎继承父亲爵位后，看似大富大贵，实际上一直有着无出的难言之隐，却又不好意思对人讲，全家为此时常烦忧，原本指望着他早些为黄家传宗接代，现在看来又是竹篮打水一场空。名医找了无数，效果依旧不甚明显。

在那个时代，这压力之大可想而知。就在家人想破头之际，黄宗炎接到上任广西的命令。家里为他纳妾伺候，不想很快有了身孕。这喜讯如同天降甘露，黄宗炎好不容易盼来的香火，恨不得把她抱在怀里、含在嘴里，就在大家都关心着孩子何时出生之际，30 岁的黄宗炎不幸染上瘴气，客死他乡，家中却添了一对龙凤胎——女孩黄素琼，男孩黄定柱。

黄素琼出生后没正式上过学，但她注定不同于一般家庭的女子。逐渐长大，黄素琼性格越发外向，也对新思潮生出了许多兴趣，不甘于自己的命运受人主宰，毅然选择出国留洋。为和旧时代切割，她自作主张改名为黄逸梵。她的做法让人感到惊讶，家人却拿她没有办法。一时间，裹着小脚的"黄军门的小姐"成了上海滩的风云人物。

最是人间留不住，朱颜辞镜花辞树。1916 年春天，20 岁的黄素琼与张志沂喜结秦晋之好。一对新人成为大家口中乐此不疲的话题，可二人性格又截然不同。黄素琼自小天资聪明，成年后气质优雅，思想上十分开放。张志沂比较沉暮，做事按部就班，发展到后来只能是各自忙自己的事。好在小姑子与她交好，偶尔也会恶作剧去捉弄满脸衰败的张志沂。

她俩喜欢结伴逛商场、看电影，邀约朋友惬意地喝咖啡、谈文艺，或是心无旁骛地读书、弹琴，享受风轻云淡的生活情调。张志沂有时也会对这些新事物生出兴趣，但女儿在《对照记》中却写道："我父亲一辈子绕室吟哦，背诵如流，滔滔不绝一气到底。末了拖长腔一唱三叹地做结。沉默着走了没一两丈远，又开始背另一篇。听不出是古文时文还是奏折，但是似乎没有重复的。我听着觉得辛酸，因为毫无用处。他吃完饭马上站起来踱步，老女佣称为'走趟子'，家传的助消化的好习惯，李鸿章在军中也都照做不误的。他一面大踱一面朗诵，回房也仍旧继续

'走趟子'，像笼中兽，永远沿着铁槛儿圈子巡行，背书背得川流不息，不舍昼夜——抽大烟的人睡得很晚。"这做法与当时守旧的老学究颇为相像。或许他以为这样的封闭才是贵族遗少的生活，也不缺少花前月下的吟诗作赋。慢慢地，他也会在朋友的带领下狎妓听曲，陶醉于自己的世界之中，完全就不在意外界正发生着翻天覆地的变化。两人都在忙着自己的生活，从来无暇顾及孩子的成长，只能交由年迈的女佣去照管。

张家的身份地位也不能小觑。张志沂祖父张印塘曾任安徽按察使，一生为人清高廉洁，咸丰年间，大力支持李鸿章招兵买马训练团练，又因意气相投开始深交，直至共同联手镇压太平军后成为生死之交。张印塘夫人去世后，正在忙着料理公务的李鸿章深感悲痛，立即派人去张家帮忙料理后事。张印塘后因战事失利受到朝廷处罚，摘下了顶戴花翎被发配异地，官场失意，最终因心中郁结死去。

那年的张佩纶，才是个不谙世事的 7 岁孩童。

一系列家庭变故，让他不得不面对风雨世事。此时的张家一落千丈，随着年龄增长，只有寒窗苦读夺得功名重振家业。人生就是这样，只有不断地对自己施压，才会有所成就。等张佩纶 23 岁时，总算是功夫不负有心人，在最为艰难时中了举人。他并未放松对自己的要求，在第二年又中进士，到翰林院从事编修工作。他完全就像海浪上空搏击的鸥鸟，直面所有无法预料的困难，用力挥动双翅来改变命运，演绎着改变人生的神奇与精彩。可以说，这样的努力震撼着心灵，也为他生命之云带来了不同凡响的流光溢彩。

瓜洲有幸，风雪多情。父亲去世后，李鸿章一直不曾忘记张佩纶。几次邀他入幕为官，却都为生性要强的他拒绝了，北洋大臣自然不再勉强。生活就这般平淡无奇，却始终充满太多未知。张佩纶固执己见，只能过着因循守旧的生活，有次路过天津，不想又与李鸿章相遇，想起上次唐突行为，不自然的神情立即漾到脸上。他只能硬着头皮一番寒暄，没想到李鸿章又再次说起上次为官之事，希望他能继承父志为国效力。没想到"先世交情之耐久如是"，让张佩纶为父辈情谊感动。

李鸿章手拈长须微笑着，就像在欣喜地看自己的子女。不知为何，他对张佩纶总是心怀爱意，每每看到就不由喜悦。身居官场，他有着自己独到的眼光，也发现恃才傲物的张佩纶并非闲人。等到张佩纶入幕为官，很快就彰显出不凡的能力，先后与张之洞、陈宝琛等人共事，很快官至署都察院左副都御史，成为中央监察部门的副职长官。有中堂大人做后台，张佩纶的办事风格依然我行我素，敢说敢为，很短的时间内就处理了不少贪官和枉法之徒。如此耿直性格着实让人闻之惧怕，也只有李鸿章对其关爱有加。

1883年12月（光绪九年十一月），法国借口侵略越南，很快对中国发动战争，凭借优良装备强占山西一带。消息传到京城后，好多人惊恐不已，哪里还有心思顾及国家安危，赶紧埋头收拾细软做逃生准备。那时，清军毫无斗志，军纪废弛，还不待队伍开至前线，已是势如破竹溃不成军。晚清"清流派"代表人物张佩纶，始终心怀爱国激情，不赞成任何形式的妥协，积极上书主张备战抗击。整个朝廷人心惶惶，这一建议自然为执政者不屑一顾，随后他找到中堂大人要求统领兵马为国效忠，大家先前以为他只是嘴上功夫，不想一介书生会有此魄力，顿时又成了人们的崇拜对象。

国家正处于危难之际，有人主动请缨自是好事，朝廷批准了张佩纶的请求，可他在战场上的表现着实一般，结局完全出乎大家意料，到头来只落得革职发配，最终沿袭了父亲的老路。在前往边疆不毛之地的路上，他恨自己不是三头六臂，不能拯救国家于危难之际。虽是这样，但他的壮举还是有人记住，清末著名的小说《孽海花》中，庄仑樵的原型就是张佩纶。今天细细读这些故事，仍让人感觉到这人的清高和自负。

从来都是这样，成者为王败者亡。短短一夜之间，张佩纶从众人言谈的功臣，成了遭人唾弃的罪囚，这变化像海面上的风浪一样，顿时让人不知所措，连中堂大人也自感无能为力，只能眼睁睁地看着他被人押解而去，唯有仰天长叹时运不济。笙歌归院落，灯火下楼台。一时间各种遭遇不期而至，让心怀落差的张佩纶在感受李鸿章好的同时，也更加看清了这个人世间的无比悲哀。

都说人情淡于纸，现实生活中确实如此，张佩纶在酒精的麻醉中深有感触。偏偏李鸿章依然不离不弃，对这位故人之子情有独钟，又在他最为落魄的时刻，冒着天下之大不韪劝他重入幕府。这样的举动着实让人感动，更没想到的是老人家竟然不顾家人反对，执意将二女儿李菊藕许配于他。此事在朝野上下引起了很大的轰动，坊间更是传闻四起，李鸿章知道这样做委屈了女儿，太太是坚决反对，用绝食和不出门来发泄内心不满，成天一口一个"老糊涂"地骂着，可他有着自己的想法，更看重张佩纶的才学和人品。婚姻不能说明什么，谁说必须要门当户对呢？他就是要特立独行，别说婚姻，这几十年的官场让他见识了太多，没有什么好怕的。

从来不为人情所动的张佩纶，此时此刻无比感动，很快就与李鸿章的女儿缔结百年之好。从此，这段传奇的婚姻便成了人们茶余饭后的谈资，以至多年以后，这段婚姻仍让人谈兴不减。

如梦岁月

对每个人而言，童年的快乐时光永远是说不完的话题。

1922 年春天刚来临，天气乍暖还寒，枝头已陆续露出绿芽，对生性喜欢静的小张煐来说，她的童年时光记忆是从上海迁往天津时开始的。或许要离开才觉着留恋、离开了才懂得记忆，随父母来到这陌生的环境后，年幼的她只能学着尽快适应。

天津的新家是一座三层花园洋房，"有狗、有花、有童话书，家里陡然添了许多蕴藉华美的亲戚朋友"，像是充满着神奇的童话世界。更让人开心的是，妈妈很快又生下了胖乎乎的小弟弟，院子里从此便增添了许多热闹。

花园洋房位于法租界的南京路上，旁边是树木茂盛的法国花园，十分适宜居住。向来保守的张志沂从未想过会举家北上，离开这早已融入到血脉的上海滩，毕竟这大都市的生活模式让他时时感到惬意和舒适。堂兄张志潭此时任民国交通总长，闲来无事想提携堂弟，数次动员他能发挥专长到下属单位——津浦铁路局任英文秘书。这份工作既轻松体面，又可以顺理成章地摆脱兄嫂日常管束。大人的事从来都很微妙，尤其父母去世后，他与二哥关系更不融洽，现在这机会突然让他心动。

一大家人在一起，难免会有许多家长里短的事，只是小孩子们不懂得罢了。张煐自不去顾及这些，而是对新环境投入更多好奇和精力。院子虽说不如上海的大，却不乏各种玩具，还有可以捉迷藏的假山、有锦鲤游动的池塘，尤其那荡来荡去的秋千，随时都能在快乐的呐喊中放飞梦想。天气晴好，可以躺在树下听有趣的故事，可以捉小虫子玩，这一切在外人眼里都是如此幸福，连平时不善言说的张志沂，也感到空前的满足。

人生最大的幸福不就是知足吗？

有了体面的工作，闲余时间很多，初来乍到也没太多应酬，张志沂便喜欢在书房里喝茶读书。这惬意让张煐十分羡慕，久而久之也向往起父亲的书房，记得第一次进去，就陶醉在浓浓书香之中了，四周全是书，齐齐整整地排列着，完全就是那山洞里的神秘宝藏库。她轻手轻脚地从书架上取下一本书来，里面的文字压根儿就不认识，只有图画依稀能看个明白。可发乎内心的就是喜欢，一不小心就待了很久。从此，她总会乘人不备时溜进去，一本一本乱翻不停。慢慢开始识字以后，也会读到自己喜欢的书，那种兴奋简直不用提了。她不但认真阅读故事内容，还会向家人卖弄其中的情节。张志沂知晓其中原委也不去挑明，而是耐着性子细心聆听，不时地帮她分析故事和人物。这样一来，一老一少的身影就留在了温馨的书房中。

融洽中透出着天伦之乐，这些点滴又留在了张煐的脑海中。不同的书启发着她的思维，也让她从中感受到家的温暖。只要说起读书，张煐的心情就会变得平静，依偎在父亲的身边，如饥似渴地读着各种书籍。当父亲看到无比散乱的书房时，从来都不会刻意去指责她，而是微笑着让佣人收拾好。如此宽松的环境中，小张煐开始尝试着阅读一部部的"厚书"，陶醉其中不能自拔。最开心的还是父亲，当他看到这些温馨的场面时，总会不由自主隔窗观望，然后带着满足离去。

随着张煐自由读书生活的减少，母亲对子女的教育却是越发地严格，每天都规定时间来背书，有空就会随机检查，这些让张煐烦恼不已，一时半会儿又想不出好法子来应对。父亲似乎从来不干涉这些事，每每张煐想求助时也是见不到人影。"我记得每天早上女佣把我抱到母亲的床上去，是铜床，我趴在方格子青棉被上，跟着她不知所云地背唐诗。"母亲还算好说话，她花钱请来的私塾先生可就大不同，永远板着那张冷脸，不时地扬起戒尺朝手心打来，让人从来都是防不胜防，甚至哭的勇气都没有。

从此，院子的每处角落都能听到背书声，以至大年夜里都不能缺少。这要求对孩子来说无疑是苛刻的，以至于只要想起来就痛苦得不能自已。

虽说还有着那些少不更事的稚气，可必须要一丝不苟地做好。有次就因为背书时间太晚，保姆心疼她，想着可以让她多睡会，没按日常时间叫她起来接神、迎新年，等到所有孩子们最期盼的游戏都结束了，她才从梦中醒来，面对着院子里收拾停当的一切，心情非常失落，只觉着大家遗弃了自己。"我觉得一切的繁华却已经成了过去，我没有份了，躺在床上哭了又哭，不肯起来，最后被拉了起来；坐在小藤椅上，人家替我穿上新鞋的时候，还是哭——即便穿上新鞋也赶不上了。"

孩子就是孩子，他们眼里喜欢的事绝对比天还要大，伤心自是少不了的，一把鼻涕一把泪的凄惨，让人看过去就要心软。母亲赶紧过来抱着安慰，她的情绪才有所好转，注意力也很快被周围的热闹吸引过去，顺从地跟着保姆去给长辈们拜年、串门，去街道上去买好吃的东西。

新的一天就这样开始了。

堂伯父张人骏家也住在附近，她有事没事就会央求着大人带过去玩。每次只要上了人力车，话也会变得多起来。可别小看了她这位二大爷，曾经官至清末的两江总督，家道败落之后便无暇顾及时局，干脆放任自己在世俗中。所以张煐每次去，都见他老人家整个身体都躺在藤椅上，仿佛随时都在等着人上前去请安问好。这些年，张人骏的地位也是一落千丈，在享受了人生的种种风光之后，更多的是体味生活的苦涩与酸楚。无论如何，二大爷只要见到小张煐便会换上一副笑容，紧紧拉着她的小手问东问西，问她最近有没有读书，又识了多少字，然后就拽她背诗词。这样的情景也有意思，张煐可以把平日的知识给他炫耀一番。到了后来，她发现自己只要背到"商女不知亡国恨，隔江犹唱《后庭花》"这句诗时，老人总会不由自主地湿了眼眶，这时她就变得不知所措起来。后来问过几次父亲，总算是懂得了成人世界里的感情。等张煐长大后，更明白了二大爷对往事的追忆，其实就是对家族荣耀的留恋。

文字无声，胜过语言，她从字里行间品读着人生种种经历，也正是这些很不起眼的生活细节与表现，张煐越发地喜欢上这些读后有所感触的文字，也逐渐在敏感中早熟、孤高。

来到这个世界上，她并没有感到张家所谓的辉煌，而是逐渐看清了一个家庭的败落。父母成天忙自己的事情，张煐更多时候同女佣在一起，某种程度上要超过父母的感情。或许有了如此接触，才让她和父母的爱渐渐有了距离和敬畏，女佣张干心肠不错，就是喜欢逗张煐开心，故意惹得她不开心，然后又若无其事慢慢哄她。"生活像从前的老女佣，叫她找一样东西，她总要慢条斯理从大抽屉里取出一个花格子小手巾包，去掉了别针，打开来轻轻掀着看了一遍，照旧包好，放还原处，她对这些东西是这样的亲切——她找不到就谁都不要想找得到。"都是微不足道的小事，让女佣将张煐折腾得哭笑不得，可她不能说变脸就变脸，毕竟日常生活中母亲可有可无，父亲干脆可以没有。

"这么小的年龄，按你的脾气只能住在独家村！希望你将来嫁得远远的——弟弟也不要你回来。"有次吃饭时，张干又故意说这这些话给她听，想纠正她用筷子的毛病。张煐很机敏，听了这话后不失时机将手移到筷子上端，本以为天衣无缝，料定张干也无话再说，便用眼神故意挑衅她。不料张干才不买账，很快得意说："抓远了，自然要嫁得更远。"

她再没有话说，只能无端地生气，脸上一会儿青一会儿紫，让在一旁收拾家务的张干开心不已。说实话，张煐生气也是白生气，根本起不到任何作用，家人知道张干喜欢孩子，也就放任她去开玩笑。母亲有时也会故意"训"张干，可在那个重男轻女的时代，女孩终究是泼出去的水，只有子静才是这座宅子的主人。

相比之下，弟弟确在家里出尽风头，伺候她的佣人也是气势凌人，对张煐的话爱搭不理，让关系很好的姐弟俩就因为鸡毛蒜皮的事有了争端。在一次次的刺激下，要强的张煐不愿表现出内心孱弱，只能对着张干无端发火，张干也不示弱，每回都怼得她无言以对，只能躲在偏僻角落里独自流泪。越是这样，越是埋怨自己不争气，越是膨胀着"锐意图强，务必要胜过我弟弟"的念头，执意要灭灭子静的威风。

子静年幼，才不会去想那些费脑袋的事。从出生后，他就一直体弱多病，虽然书没姐姐读得多，却喜欢做些恶作剧图开心，从没想过要在姐姐面前出风头。相反，对姐姐更多的是佩服，毕竟自己说不过、学习比不过，画画水平也差着距离，唯能乘其不备时用粗墨笔，在她的画上胡乱抹几笔。两人难免有争吵，甚至也会拳脚相加，毕竟这些只是生活中的琐事。

孩子就是孩子，即便生出矛盾也不是啥大事，因为"战争"阴云很快就会散去，大家又亲昵地在一起玩耍欢愉。在《私语》一书中，张煐用鲜活文字记录下许多趣事，让人不禁心生向往，如："我弟弟实在不争气，因为多病，必须扣着吃，因此非常的馋，看见人嘴里动着便叫人张开嘴让他看看嘴里可有什么。病在床上，闹着要吃松子糖——松子仁舂成粉，掺入冰糖屑——人们把糖里加了黄连汁，喂给他，使他断念，他大哭，把只拳头完全塞到嘴里去，仍然要。于是他们又在拳头上擦了黄连汁。他吮着拳头，哭得更惨了。"

变化最大的还是张志沂，自从搬到天津后，压抑许久的情绪明显好转。摆脱了兄嫂管束，无聊的生活突然变得有趣起来，虽是生在华胄之家，但七岁丧父后就受到李菊藕严加管教，在她心目中，儿子将来要支撑这大家族，必须时刻都抓紧学业丝毫不放松。张志沂也算是听话，十分理解母亲的苦心，只可惜这大清王朝突然坍塌，没有了科举制度，一肚子四书五经没了用场。母亲无奈，儿子却想得明白，这些年把时光都投入在书本上，既然无法博得功名，无法报效家国，那就把这些知识作为茶余饭后的谈资。

受到打击后，张志沂很快变得不善言谈，好在这些年苦读留下的，是骨子里浓浓的温情与才气，以及父辈的风流气度，得意到天津后很快发生了转变。自张煐有记忆起，就觉着父母对外界生活充满向往，在那个落后的时代，无论是日常的着装打扮，还是与朋友相聚聊天，他们总能吸引着自己的眼球。随着慢慢懂事，她更明白了父亲其实不是个守旧的人，他和母亲一样从不会拒绝任何新鲜事物，他们喜欢吃进口的东西，喜欢购买各式小汽车，就连看书也会选择译著来慢慢品读，甚至还自得其乐地为自己取了时髦的"提摩太·C.张"的名字。父亲儒雅中带着时尚，而母亲则是时髦中透着优雅，更看重生活质量和品位。于她而言，身上时时闪现着的华贵气象，更彰显出罗曼蒂克的内在魅力，本来是相夫教子的一生，现在全然成了一部有意思的小说。

细数民国的女子，无论是美貌还是才气都不乏其人，黄逸梵虽然无法位于其中，但她天生一双秀美如水的大眼睛，感觉就像个可爱的洋娃娃，每天优哉游哉，无所事事，真正做起事来却雷厉风行。在这样优越的环境中，他们不需要对未来有所打算，所以小张煐每次看到妈妈闪烁着青春的光彩时，都为这种锦衣玉食的美好生活感到快慰，就连母亲在镜子前梳头时的用心细致，也能够看出她不同于众的美。

母亲时常带张煐出席一些社会活动，这对小孩子的见识和认知提高很快，以至于她对妈妈说："八岁我要梳爱司头，十岁我要穿高跟鞋，十六岁我可以吃粽子汤团，吃一切难以消化的东西。"梦想不断促使着张煐长大，也让她对外界的向往越发强烈，人生竟然这样有趣。

生活像水一样流淌着，直到有天家里的琴声突然消失，一问才知道姑姑张茂渊要出洋留学。一家人都为此忙乱着，而她每天进进出出不知忙碌着什么，脸上泛着青春的笑容——黄逸梵提出了陪读请求。经过一阵沉闷后，父亲终于无力地点点头，一脸严肃不再说话。

小孩子哪里知道，父亲面对花花世界的诱惑，很快结交了一帮酒肉朋友，痴迷在听戏、赌博的泥淖中不能自拔。更可怕的是，张志沂还贪恋起大烟，在吞云吐雾中演绎着人性的欲望和丑陋。母亲屡说不听，两人起初还会争吵，到后来干脆视而不见。姑姑却每天都很开心，对这样的事情根本就不在乎。

1924 年秋天，几场大雨之后，舒服的秋风吹拂着渐黄的秋叶，让如画的一切像极了美妙的海拉尔。即便这般的美，却也无法留住黄逸梵离去的心，她最终以张茂渊监护人的名义，毅然逃离了窒息生命的樊笼。与丈夫的关系虽没决裂，但这样的出走还是给了自己退路。

说走就走，这从来都是黄逸梵的性格。望着母亲远去的背影，张煐始终不曾掉一滴泪。船的汽笛响起来，汹涌的浪花很快朝两旁散布开来，虽然看不清彼此的面孔，她幼小的内心中却少了爱慕和崇拜，似乎也随着缕缕浓烟而去。

看来母亲执意要离开这处伤心地了。后来才知道，母亲的离去是因为父亲包了姨太太。这事张煐不懂，但从父亲开心的面容上，还是读出了一个男人的放纵，那分明就是不受约束的得意自在。"我母亲和我姑姑一同出洋去，上船的那天她伏在竹床上痛哭，绿衣绿裙上钉有抽搐发光的小片子。佣人几次来催说已经到时候了，她像是没听见，他们不敢开口了，把我推上前去，叫我说：'婶婶，时候不早了。'（张煐名义上算是过继给另一房的，所以称父母为叔叔婶婶。）她不理我，只是哭。她睡在那里，像船舱的玻璃上反映的海。绿色的小薄片，然而有海洋的无穷尽的颠簸悲恸。"

不知道这算不算人生，对张煐来说，小小年纪就必须要学着面对一切的未知。

悲痛心情

在那个封闭的时代，母亲却对外界的生活充满向往，这一切都成了她逃脱家庭樊笼的动力。死气沉沉的家，着实已经让她受够了，只有从这里逃出去，才能够呼吸到新鲜的空气，哪怕是割舍掉对子女的爱。

都说孩子是母亲心头的肉，这话一点没错。当黄逸梵走出家门时，纵然打起精神面带笑容，可对孩子的爱恋与不舍，全暴露在一双无比红肿的双眼上。张煐知道，母亲这一去很难再见到，内心纵有千万个不舍，也只能依偎在花园的秋千旁，眼睁睁地让失望的情绪越来越浓。

母亲这般不管不顾地撒手离去，无形中伤害着小张煐，让她深陷在自己的想法中无法自拔。时间一天天流逝着，对母亲的思念与日俱增，却不知该对谁讲，苦于无奈只能读书、玩耍和等待。父亲再也没时间陪她，就像换了个人一样，完全让自己包围在无法散去的鸦片烟雾中，苟且地享受着短暂的愉悦。

慢慢的，张煐也学会了忧郁。

父女之前的关系其乐融融，母亲离去后，两人的关系更像是相依为命。弟弟懵懂还小，对家里发生的这些事情漠不关心。虽有保姆来照料大小事务，但没有女主人的家只会变得了无生机。庭院里的花，在晨暮中开了又败，败了又开。要是在以往，有着生活情趣的母亲定然会带着大家拍照赏花，然后又会满腔激情冲洗出来，一张张地点评，开心时还会忍不住捧腹大笑，那情形完全就是个孩子。时间一久，大家发现照片中的张煐本就不会笑，歪着个大脑袋好像在思考问题，尤其是那充满探究的眼神，似乎对这个多变的世界存有太多好奇。若是偶然能发现一两张面露笑容的，母亲便会忍不住激动，手捧着照片手舞足蹈一番，然后又开心地对家人讲解，而后悠然自得地伏在书桌上涂上各种颜色。张煐抓紧这机会挤在母亲的怀中，看着笔下的自己从黑白渐渐变成神奇的彩色。

书桌上总是凌乱不堪，母亲却能从中挑选出自己需要的颜料，一支笔灵巧地穿梭于色彩之间，经她一番细致点染描画，呆板的小张煐很快变得鲜活起来，粉色的嘴唇饱含着娇艳，蓝绿相间的薄绸衣裳也沾染了灵性，让人不由觉着她如此可爱。这样的幸福中饱含浓浓母爱，连一旁的保姆也看得入神，为这样的爱暗自羡慕。

受新思潮影响，母亲喜欢随和的处事方式，她性格中更多了温柔。小院很静，风从窗户中轻轻吹进来，不断拂动黄逸梵额前的秀发，连桌上的宣纸也忍不住飘舞起来。她最近越发喜欢为孩子们描画、修改照片了，那种淡然入定的感觉中带着满足，尤其看到代表着生命状态的绿色时，便会不由自主地喜欢起来。张煐静静趴在一旁，从不去打扰母亲的喜悦，她的一举一动都深深影响着张煐，也让她无聊之际会翻出照片来看，从中体味母亲散布其间的温柔气息，这种感觉自然是美妙的，也缓解着对母亲的思念。看着看着，眼前的点绿就晕染开来，很快幻化成母亲远赴海外时的那身绿衣裙。

那绿，是如此亲切而又熟悉，伴随着渐渐模糊的记忆，张煐的泪水很快就流了下来。独坐庭院，看着泛黄的树叶从高处飘落，只觉自己成了没有父母疼爱的树叶。好多年过去后，她第一部作品的封面上，依然毫不犹豫地冒出浓浓的绿色来。

看来，童年记忆早已根植于张煐的脑海深处。或者说，在张煐的心目中，这苍翠欲滴的绿、这裁红点翠的绿，代表的并非生活中的绿，而是与生命形影相随的孤独，就这样伴随着她度过每一天。家里没有了母亲的身影，静悄悄的感觉不时地袭上心头，一切也在随之发生着变化：一向感觉沉闷的父亲，突然变得喜欢应酬；没有了人为的约束，姐弟俩的生活变得更加自由，再也不用早早起床去背书，不用顾忌大人们可怕的脸色。

生活就这样风轻云淡，既没有太大的波澜，也没有太多的留恋。这天子静突然问姐姐："姐，你说咱们的妈妈好看吗？"

张煐没有吱声，又继续摆弄起手中的玩具。瘦弱的弟弟没敢继续说下去，满脸透着无辜和不解。考虑到弟弟的感受，张煐过了一会才说："咱们的妈妈最好看。"

"妈妈是天下最美的，对吧。"子静又说。

"到底有没有完啊，烦人。"不知道怎么就被激怒了，她突然间扔下手中的玩具，摆出一副盛气凌人的架势，吓得子静赶紧闭上嘴巴，生怕她会冲过来。虽然有太多无辜，可从他眼神中流露出的表情，还是希望能多一次听到"妈妈"这熟悉的字眼，相信那一刻他是满足的。小张煐虽然露出一脸凶相，其实对母亲的音容笑貌也是十分陌生，她年幼的心灵里，母亲只是一段绮丽的风华往事、一抹淡淡的影子。

过了一会，子静又说："我想妈妈了。"

张煐没有搭理他，依旧在忙自己的事。

"是不是妈妈不要我们了？"弟弟年幼，见姐姐不说话，又忍不住问道。

"怎么会呢，她可是我们的妈妈啊。你要不乖，妈妈就不要你了。"张煐虽然话说得很硬气，但眼眶里已经全是泪水。

无论如何，张煐永远记得母亲悄然离去的情形，那越走越远的背影像一把剪刀，在无形中剪断着安稳的生活，让无法愈合的伤痛成了生命中的痛。

淅淅沥沥的雨很快就模糊了眼前的一切，而油伞下的母亲早已经看不见了，姐弟俩还木然地望着远处发呆。张志沂没想到事情会变成这般模样，可又不愿低头认错，只能由着小脚妻子这样任性离去。那一天，他就那么远远地站着，在拥挤的人群中被挤来挤去，看着来回翻滚的海水，内心中越发不是滋味，雨湿了他的衣衫，也湿了他的情绪。

从那以后，张煐对各种各样的绿都会起反应。当然，她也会宽慰自己，是不是母亲走时并不坚定，毕竟她是深爱自己和弟弟的。可是想归想，母亲还是毅然决然地走了。

父亲一下子忧郁起来，还有了几分苍老。常见他独坐阳台发呆，任凭风吹雨刮。张煐和弟弟都不敢去打扰，担心父亲这时会莫名发火训人。而张志沂渐渐地习惯了这姿势，仿佛雕塑一样，在经历了家庭生活的变故后，把身上所有的儒雅风流全湮没在深深浅浅的皱纹中。

小院中的笑声早就随着母亲的脚步远去，留下的只是让人害怕的落寞，就连从天而降的树叶也带着忧愁，一片一片饱含着浓浓的思念。张志沂越发老气横秋，他不但对生活失去了信心，对寻花问柳的事也少了热情。阳光斜斜照过来，照着满脸忏悔和失落。

"妈妈什么时候才会回来？"

下人们哪里会知道这些，为了不冷场，从来都是想尽法子善意哄骗。听到这些话后，小孩子脸上才会露出难得的笑容。至于张志沂，他可以长时间保持着固定姿势不变。即便动，也会很快恢复到以前。

也有几次，张煐实在忍不住想妈妈了，便斗胆上前去问父亲。没想到父亲不冷不热地说道："有事吗？"

如此一问，反让小姐弟俩全然忘记了要问什么，只能顺口问父亲在想什么。

张志沂这个时候会变得哑口无言，其实他也不知道自己在想什么。

"不会也是想妈妈了吧？"

这样的说笑中带着很多的风险，听到这些稚气的话语后，原本还有着怒气的父亲不由会变得心软。心情好的时候，也会起身去抱抱他们，那一刻，失去的爱又会重新出现，让内心的荒凉和冷漠远去。

过了好长时间，张焕发现父亲渐渐"复活"了，小草一样从沉重中慢慢挺直身躯。先前的"雕像"很少看到了，取而代之的是夜不归宿。每每夜半回来后也是酩酊大醉，浑身酒气很快就弥散在庭院中。下人们赶紧上前去搀扶，东倒西歪的姿势常常吓得孩子们不敢说话，只能隔着窗棂莫名恐慌。很快，父亲又带回来一名漂亮女子，说话做事都带着娇媚，让人不敢多看。

这女子，张焕先前是见过几回的。每次随父亲见她时，都是弱柳扶风倚在门前，嗲身嗲气轻声唤着张焕，还会从衣兜中掏出糖果递给她吃，张焕知道这是在讨好自己，可她并不喜欢眼前这位妖艳女子，常常会躲避着。有时也会死死抓住门框拒绝进去，任凭父亲如何使劲地拽，只是如同发了疯似的乱蹬乱踢，后来干脆躺在地上大哭大闹惹得一堆人跑过来围观。忙活了老半天，父亲早已被折腾得满头大汗，现在又有人指指点点个不停，而那个女人看着这些却放声大笑。她现在满脸笑容出现在庭院，肆无忌惮地使用着妈妈的床铺，这让姐弟俩非常不解。原以为这女人会很快离去，没想到浑身珠光宝气的她却这样留了下来。

下人们在背后叫她"老八"，当面则恭敬地称她为姨太太。在截然不同的称谓中，更多的是不屑一顾的嘲笑，敏感的张焕很是纠结。"老八"搬来后，虽然依旧在用兰花指拈着手绢捂嘴笑，却无法掩饰性格中的浪荡和矫情，相反还有些可怕。弟弟同样打心眼儿里反感，可又说不清楚为什么。

不管怎么样，大院里突然热闹起来。来来往往的人很多，喝茶的、聊天的，甚至还办起酒会，所有的寂寞都被赶走了，成天都是乱糟糟的。姨太太喜欢沉默不语的张焕，有空就会带她出去玩，去得最多的地方就是舞厅。在灯红酒绿的光影中，张焕所有的好奇都被激发出来，她也会随着音乐节奏会心笑出来，看眼前各色人来回晃动。但后来，张煐只要看到这些就会头晕眼花，即便是在震天的吵扰声中也会迷糊睡去。

父亲的纵容让"老八"的脾气变得更加暴戾，最后发展到与父亲也有了争吵，下人们不解，而且讨厌她这样的做法。而她根本不在乎别人怎么看，激烈时还会从屋内追打到院子里。母亲虽然严厉，但从来不会做出这样出格的行为，只不过她此时并不知晓家庭变化，只是定时邮些衣服和玩具回来。

张煐印象里全是她和父亲吵架的情形，也顾不得平日里的娇艳模样，气急败坏地破口大骂，打到激烈时，就开始大施淫威砸屋里的各种陈设。看到这些，张煐恨得是咬牙切齿，却又不敢上前去阻止。说实话，这屋里的所有摆设都是母亲精心布置的，虽然人去了海外，可下人们从来不敢弄乱，一个外来户怎么说摔就摔呢？他们希望父亲能出面制止，可是他就是不吱声，任凭这泼妇一样的人把所有东西都破坏掉。

"老八"变本加厉的疯狂做法，最终导致了她引火烧身。有次吵架中，没想到她会直接拎起手边的痰盂扔出去，结果劈头盖脸地砸在张志沂的头上。一家之主的父亲当时就流了血，高大的形象顿时被砸得体无完肤，像落水狗一样羞愧难当。

张志沂便把不快全宣泄在"老八"身上，干脆赶走了她。从关系亲密到反目为仇，这些都为张煐亲眼所见。"我坐在楼上的窗台上，看见大门里缓缓出来两辆塌车，车上都是她带走的银器。仆人们都说：'这下好了。'"太过彷徨的岁月，无法知道何处是终结，持续了许久的内耗闹剧，总算在不可思议中结束了。

结束的还有体面的工作，这也注定张志沂在天津无法继续待下去，无法再去享受风平浪静的安稳，在百思不得其解的情况下，竟然要用注射过量吗啡的方式结束生命。

一个家庭的败落、一个人对于生命的困惑，这些就是变化。以往的热闹又复归于平静。当下人无意发现奄奄一息的张志沂时，立即招呼人进行抢救，这才将他从死亡线上拽了回来。这次自杀后，他的精神状态大不如前，对生活的态度也是一蹶不振。

黄逸梵一概不知这些事情，她在海外很快结交了一堆朋友，喜欢上了油画、开车、游泳和跳舞。谁也不敢想象，她对外语的掌握程度越发纯熟，可以谈笑风生地交流，可以在阿尔卑斯山上滑雪。这些时髦的爱好和运动让她蜕变为社交圈里靓丽的风景。在国外，她还结识了一帮中国留学生，又与这些人中的徐悲鸿、蒋碧薇成为邻居，与沈宜甲、赵梅起、吴作人等人如若故知。张爱玲在《对照记》中写道："她踏着这双三寸金莲横跨两个时代。"可以想象，暂时脱离了家庭的黄逸梵，每天面对的都是让人陶醉的时光。在这样的环境中没有惊慌失措，而是通过努力不断地适应着潮流，展现着自我的风流才情。

在英伦的日子是开心也是难忘的，对孩子们的牵肠挂肚，却让她夜不能寐。有天午饭后，黄逸梵突然收到一封家信，熟悉的笔迹一看就是张志沂。

难道是家里有事？她迫不及待地打开，读着一句句饱含着感情的文字时，已经坚硬了三四年的心又逐渐变软。信里还附带了一张他的照片，面带着笑容，透露着英俊和才气，等翻到照片后面，端正地写着：才听津门金甲鸣，又闻塞上鼓鼙声。书生自愧拥书城，两字平安报与卿。

一封书信，重新唤起了黄逸梵似乎死去的爱情，让这个灵魂中带有香气的女子逐渐从倔强中醒悟过来。这时的她既对家庭充满着渴望，又深深地自责着自己的鲁莽与任性。那天，她翻来覆去地读着那封信，终于在忐忑不安中下定决心。

一家人重新欢聚一堂，张志沂为掩饰喜悦，故作严厉地批评了妹妹，说她不好好招呼嫂子在外的起居。黄逸梵知道他故意这样说，也懂得他的含蓄所在，只是把两个孩子紧紧地抱在怀里，当一滴滴泪水落在张煐脸庞上时，她在心里默默计算着母亲离去的时间。

转瞬过去了四年时光，曲指算来张煐已经八岁了。

张煐眼前的绿色在逐渐减少，心灵的共鸣却不断增加。家里每天都在发生着不同的变化，很快就购置了钢琴、油画架、留声机，庭院里弥散着曼妙的轻音乐。在这种新思流的影响下，黄逸梵开始着手教张煐学习钢琴、绘画，让她早早接触西方的教育理念。"自己喜欢橙红色那种温暖而亲近的感觉，就连蓝椅配上旧的玫瑰红地毯，不搭调，也觉得分外好看。"画到开心时，也会给远在天津的小朋友写信，讲学画画中的有趣。正是在这样的情绪感染下，她干脆自作主张把卧室墙壁涂成橙红色，还在墙面上画了各种可爱的小人，温暖而又亲切。"我一直是用一种罗曼蒂克的爱来爱着我的母亲，她是个美丽敏感的女人，而且我很少有机会和她接触。我四岁她就出洋了，几次来了又走。在孩子的眼里她是辽远而神秘的。"

久违的快乐，又重新回到了身边，就像不经意间做了场梦。

纷呈人世

母亲一脸欣喜从海外回来后，与父亲重归于好，很快又成双入对地出现在大家的视线中，只是没想到教育理念不同，平静没多久后又开始了争吵。

生活中有吵架并不可怕，可没想到张志沂以此为借口，又重新开始了"吞云吐雾"的生活，一屋子弥漫的烟让他陶醉着，却让关爱他的人越发地看不清楚。

这样不负责任的态度，终究还是让黄逸梵感到失望透顶，也让她在子女的教育上越发坚持自己的理念。在彼此激烈的争吵中，她还是将小张煐送进了圣玛利亚贵族女校，正式开始接受西式启蒙教育。这所学校由美国教会在上海创办，当时的上海，由教会设立的教会小学共有44所，它之所以被称为黄氏小学，是为了纪念首任校长黄苏娥。"十岁的时候，我母亲主张送我进学校，我父亲一再地大闹着不依，到底我母亲像拐卖人口一般，硬把我送去了。在填写入学证的时候，她一时踌躇着不知道填什么名字好。我的小名叫煐，张煐两个字嗡嗡地不甚响亮。她支着头想了一会，说：'暂且把英文名字胡乱译两个字罢。'她一直打算替我改而没有改，到现在，我却不愿意改了。"也就是从这时起，母亲将她的名字改为 Eileen——爱玲。

改名只是为了面对新式教育，却不料在以后的称谓中，"张爱玲"这三个字却家喻户晓，在漫长的岁月中散发着不凡魅力。

1931年9月是学校开学的日子，张爱玲在母亲的带领下，无比欣喜地走进了新的天地，开始接受西式启蒙教育。而弟弟子静却非常无聊，他眼巴巴地看着远去的背影，心中生出向往，父亲执意不让他去，他只能无奈地面对私塾先生郁郁寡欢。

圣玛利亚贵族女校始建于1881年，原名圣玛利亚书院。她们刚踏进校园，哥特式建筑群就呈现在了眼前，迎着清新的书香，顿时被周围一片树林所吸引，景色如此优雅而又清幽，就如同一首优雅的天籁曲，还以为来到了奇妙的童话世界中。年幼的爱玲跟在母亲身后，心里尽是不自信的忐忑，走着走着才敢抬头四处张望，无意发现尖顶的钟楼上，竟然被翠绿的青藤覆盖，依稀只露出红色、青色的砖，从砖与砖的缝隙中，似乎透着浓烈而又厚重的西方文明气息。但就是这铺天盖地的绿，却让她第一次感受到了幸福，是那么的不同，便忍不住使劲拽母亲，要把刚才见到的这一切都告诉她。但最让人向往的还是一碧如洗的草坪，当时就想在上面开心地奔跑。等她再看时，又分明觉着这宽阔不是真的，仿佛是用彩笔涂抹上去的画。

或许是圣玛利亚贵族女校建校时间久远，所以在学费方面也是高得吓人。这些并不重要，黄逸梵看重的是超前的教育理念，平日里，学校使用中英文双语授课，更偏重英文讲授和运用，为让学生与社会更好地接轨，还专门开设了社交、礼仪、缝纫、刺绣等课程。千万别小看这所学校，林语堂的夫人廖翠凤、上海市市长吴国祯的表妹俞秀莲、厦门巨富陈天思的女儿陈锦端，可都是从这里毕业，去了更高层次的学校求学，还不算一些当红的影星和名媛淑女，否则，也不会跻身上海滩最负盛名的两大美国基督教会学校之一。

与其他条件优渥的同学相比，张爱玲的家庭不值一提，虽然直接插班到六年级，可她十分珍惜这难得的机会，在探索未知中始终保持着浓厚的学习兴趣，因此成绩总是名列前茅。

很快，她的优秀就遭到了同学的嫉妒，内心中会不时涌现出孤独来，她的高兴在逐渐减少。这些既是环境使然，也是敏感的性格所致，以至于让她在这个年龄段成了一个特殊的例外。

一个人的开心与否，只有自己明白！

所以她独处时也会发呆，尤其望着闪烁的灯光，从漫长岁月中感受着人世的惊艳。这样的场景很美，也让张爱玲明白了做人要低调的道理，既不过分遮掩缺陷，也不过分炫耀优点。这从她后来出版的一系列作品中不难读出，"它们在短短的一春里尽情地醋足地在花间飞舞，一旦春尽花残，便爽爽快快地殉着春光化去，好像它们一生只是为了醋舞与享乐而来的，倒要痛快些。像人类呢，青春如流水一般的长逝之后，数十载风雨绵绵的灰色生活又将怎样度过？"从而在那兵荒马乱的年代里，如实地写出她不同于众的行事风格。

在同学们眼中，身材高挑的张爱玲性格偏内向，似乎并不擅长和人接触。或许是幼时受到母亲强制背书的缘故，她日常里更喜欢读各种书，而且一读起来就忘了时间。她似乎不喜欢打扮，永远都是那几件素色的衣服，给人留下了不修边幅的印象，其实，最苦恼的还是张爱玲，突然要学着与同学们朝夕相处，她不善言辞，自卑心理也越发明显，常常为如何交际困惑。大家对她都很热情，并不懂得这些小心事，可时间一长还是在无形中冷落了她，一任冷漠的面孔上写满嘲讽。

按照学校统一要求，宿舍前都设立了制式鞋柜。平日里，学生闲置的鞋子都要整整齐齐地放在里面，由负责卫生的舍监不时进行抽查，只要发现有人胡乱摆放，就会将鞋子扔在走廊里以示惩罚。结果，张爱玲每次都逃不脱这劫难。

熟悉张爱玲的同学都知道，她有一双十分破旧的皮鞋，鞋尖早已没了光泽，似乎早该扔到垃圾桶中，可她从来都不在意，很快就成为大家的笑料，偏偏有喜欢恶作剧的人还雪上加霜，故意在人多时把鞋子踢来踢去，以此来炫耀自己厉害。面对这尴尬处境，其他人早就不知所措了，可张爱玲却不以为意，永远都活在自己的世界中，对同学的提醒也满不在乎。即便舍监反复说，她也是极不情愿地回应："对不起，我又把这件事情给忘记了。"大概意思就是说，反正都是这样子了，你要是不嫌麻烦就继续扔吧，而我能做的也就这些了。张爱玲白天看起来一副高冷，到晚上才会卸下坚硬的外壳，然后把所有感受全写入日记。压抑的情绪中，张爱玲很快展现出自己的文学天赋，在文字中重新找到另一种乐趣。对她这样年龄的孩子而言，要做到冷静实属不易，再看周围那些同学，一个个不是名门望族，就是家底殷实，而此时她正逢家道中落，鹑衣鹄面穷困落魄，哪里还有什么力量去改变眼前这一切呢？

学校里每天都在上演各种话题，关于张爱玲的从未少过，她不拘小节惯了，对大家的匪夷所思从来视而不见，所以旧皮鞋的问题，就这样不动声色地解决了，但面对家庭的败落，只能在百思不解中透着无能为力。能怎么办呢？只能搞好学业让大家羡慕，这也不失为一种内心的补偿和满足吧？

偏偏在这节骨眼上，长期抽烟成瘾的张志沂，身体状况是一天比一天虚弱，每天也不愿与人接触，没事就躲在屋子里发呆，偶尔也会在院子里走走转转，但多半都是在对下人们发火。丈夫成天无所事事，黄逸梵起先还好言相劝，希望他能浪子回头，重新振兴这眼看着业已衰败的家，哪知张志沂玩世不恭，不断地让对方失望，屡劝不止的情况下，黄逸梵只能想到再次赴海外去躲避。当婚姻的失望如同浪涛涌来时，她更舍不下的是这对儿女，毕竟是自己身上掉下的肉啊！

原来这就是婚姻，当一切虚幻被打破后，竟然残酷得连面对也不会剩下。此前的和和美美，不过是为了孩子们的幸福成长，虽说彼此关系已有很大改善，可眼前如此颓废的情景，还有什么值得留恋？张志沂做的事情也是离谱，预感到妻子会远赴他乡，便找各种理由来严控开销，甚至连日常给她的零花钱也取消了。经济上的制约并未见效，相反还促使着黄逸梵铁心要走。其实，家庭的荣耀和排场早已经一去不返，就连支付学费都是问题，还有什么好制约的呢？这情形像极了四处漏水的破屋，时刻都会在风雨中坍塌，不难想象出黄逸梵的凄楚心境，她只能是面对着窗外叹息，怎么给子女们留下了这千疮百孔的破败呢？

受家庭的影响，张爱玲又开始"忘记"交作业。老师问及原因时，她永远都是一副无所谓的姿态，不断地找借口编理由，还装出可怜模样。搪塞常常引来哄堂大笑，但往往都是笑声未停，张爱玲又轻而易举取得了好成绩，让老师一时间没了主意，学生们却趁机起哄，给她起了个"我忘了"的绰号，以此嘲笑她不懂风情。从此，"怪人"张爱玲就成了学校里的永久话题，只要提及，总有人和戏精一样耍怪："哦，我忘了。"

所有压力对张爱玲来说都是浮云，似乎她来到这世上，卯足劲只想做个另类。同学们不清楚她的想法，即便家人也是摸不着北。家里的气氛越发怪异，年幼的她不愿去面对这一切，而是强烈地盼着父母尽快离婚，几乎幸灾乐祸地等着这一切尽快发生。人就是这么奇怪，张爱玲更多时候就觉着自己仿佛是捡来的孩子，然而等到愿望实现，大家都在想办法补救时，她心中的快感又瞬间变得虚无。

母亲真的离去了，留下了父亲和这个空荡荡的家。大家都在沉默中活着，也不知是为了什么。父亲一如既往地陶醉在大烟中，满屋子的烟味浓得根本无法散去。小院里越发冷清，少了母亲的生活原来感受不到爱和温暖。父亲耐不住寂寞，在朋友们的撺掇下又打算再续姻缘。

大人们的事情完全不用同孩子们商量，这一切都在于父亲是否愿意，或许他觉着自己的生活太过于单调和无聊，该重新换个活法了，于是又让人张罗着纳妾。1934年的春天，万物还没有从沉寂中醒过来，张家大院却已经春意盎然，大家都在忙碌着迎接新来的姨太太孙用蕃。

孙用蕃是国民政府国务总理孙宝琦的小女儿，人称"七小姐"，长得是亭亭玉立，看起来弱柳扶风，当她一袭粉色旗袍出现在院子时，一股子温柔的气息蔓延开来，似乎是冰雪化后的湖水，又有着花的烂漫和清高。她性格开朗，善于交际，闺蜜们都是赵一荻、陆小曼等人，当时是个了不起的风云人物。对刚刚离婚的张志沂来说，孙用蕃还是个黄花大姑娘，她之所以冒天下之大不韪和自己再续良缘，无疑是下了非常大的决心。于她而言，什么样的婚姻能入她的法眼？看着眼前这一切，张志沂也没明白怎么就和她走到了一起。家里突然来了位陌生女子，年幼的张爱玲觉着恍然若梦，完全就是小说中虚构的情节，有时候她也在想，这位"吞云吐雾"的父亲是不是早有所图，只等着母亲离去后才要大展身手呢？从那天开始，她心中就积聚了许多说不出来的怨气，更多时候还是会怀念母亲。弟弟傻乐着，只为着自己开心，而她却不依不饶地写下了自己的想法："我父亲要结婚了……如果那女人就在眼前，伏在铁栏杆上，我必定把她从阳台上推下去，一了百了。"

所有压抑蜂拥而来，让张爱玲不知如何去面对。这时，国文老师汪宏声给大家带来了欢乐，他特喜欢有写作专长的同学，尤其是担任了女校国文部主任后，不但为各班级订阅了报刊，还组织教学骨干参与修订教学课程，定期编辑出版校刊《国光》，鼓励教职员工动笔书写生活中的所见所闻。这样的改革不断强化着学生的阅读写作水平，也拓展了学生的知识层面。改革，开始悄无声息地影响着张爱玲的写作态度。多年以后，相信张爱玲一定会记得那位老师，在她生活最无趣的时候，和蔼可亲的汪先生，时常指导她在《国光》杂志上发表文章。

汪先生的内心充满着性情，简直就像个大孩子。这样不凡的魅力让他和学生们相处得特别融洽，也让热爱写作的同学对文字充满了热情。就连那位一直冷漠的张爱玲，至今也还记得非常清楚，汪先生第一次给大家布置的作文题目是《学艺叙》和《幕前人语》。学艺，其实是指学生们学习各门艺术的过程；叙，就是用文字来进行叙述；幕前人语也就是电影的观后感。张爱玲的习作让汪先生有些出乎意料，反复读了几篇后，对其流畅的行文、华丽的语言，以及独特的构思赞赏有加，甚至是迫不及待当着全班人高度评价。

"张爱玲同学的这篇习作富于哲思，在诗意的表达中营造出了深远的意境，完全超过了老师的水平。"这番话一出口，张爱玲又受到了同学们的关注。汪先生为了重点培养张爱玲，对她的每篇习作都会赞誉，而且还会在课堂上声情并茂地朗诵。在这之前，他并不认识张爱玲这个人，直到有一天将坐在后排的张爱玲叫起来回答问题时，却不禁有些哑然失色。没想到，他眼中的张爱玲竟是"一位瘦骨嶙峋的少女，不像绝大多数女生那样烫发，衣饰也并不入时。那时风行窄袖旗袍，而她穿的则是宽袖，走上讲台来的时候，表情颇为板滞"。

强烈的反差之下，更坚定了他的惜才之心。从此，张爱玲的作文就成了班上雷打不动的范文。没多久后，《国光》校刊又邀请她参与期刊编辑，只是张爱玲不为所动。汪先生也不去多想，更为怜爱这位学生的才学，又开始改为约稿，可接二连三的热情依然无法打动"天才少女"张爱玲的心。她始终沉默着坚持写作，却不愿意把它们交给学刊，实在被逼得无奈时，也会报以"我忘了"的说辞来应付。

越是拒绝，越是让汪先生放心不下，因为他实在不想错过张爱玲这样的学生。而那些日子里，张爱玲的世界完全一片凌乱，学业上的得意与家道的失落，始终反复交织在一起，让思绪散乱成光线里的尘埃、月光下的寂寞。除汪老师之外，历史老师也是时常关爱张爱玲，还自掏腰包给了她八百块钱。面对着这厚厚的一沓钱，内心潮涌起的又何止是感激和喜悦呢？

那一刻，张爱玲才被老师们的关爱所打动，她看似坚硬的心开始慢慢地融化开来，就像是板结了许久的土地，突然被爱的暖流缓缓漫过，她终于没有忍住奔涌欲出的泪水，用难得的笑容来回报生活中的真爱。就在这时，她也忘记了同学们先前的恶作剧，让心中所有的不快像风一样飘散而去。

对内心丰富的张爱玲来说，写作就是与生而来的天赋，早在汪宏声来校之前，她已经在圣玛利亚女校出版的校刊《凤藻》上刊载过数十篇习作。或许是因为环境的压抑，她完全将文字当作享受，只要沉浸于这些富有情感的文字中，完全就是个可以发号施令的女王，任由自己的心情来摆布它们。确实，这些文字带给她许多享受，也让她尽情地宣泄着不快。记得发表在校刊的处女作《不幸的她》，让人读后就会生出许多情绪，不由得对岁月静好生出留恋。"在这壮丽的风景中，有一只小船慢慢的棹桨而来：船中坐着两个活泼的女孩子，她们才十岁光景，袒着胸，穿着紧紧的小游泳衣服，赤着四条粉腿，又常放在船沿上，让浪花来吻她们的脚。像这样大胆的举动，她俩一点儿也不怕，只紧紧的抱着，偎着，谈笑着，游戏着，她俩的眼珠中流露出生命的天真的诚挚的爱的光来。"文字灵动欢快，其中的缠绵悱恻，根本无法看出这出自十二岁的学生之手。

张爱玲心怀无法摆脱的自我，在不断的赞誉声中，很快又在校刊上发表了小说《霸王别姬》。这篇小说语言简约凝练，故事架构也是不落俗套，既没有刀光剑影下的惨烈，也没有卿卿我的爱恋，却从华美的笔调中表现着牺牲的美感，从人物命运、人性内在中流露出对虞姬的认可和尊重。一个少不更事的孩子，这样深刻的理解自是不凡，尤其是她能够跳出爱情写人性，这该是一种何样的美呢？在她流畅的笔下，当虞姬毫不犹豫用刀刺向自己时，与众不同的女性形象便透出了清醒，渲染着别样的情趣。张爱玲的表现完全不是在写故事，而是在文学探索中重新书写着人物，文中的虞姬完全不再是悲情的模样，而垓下决战也不再是残酷，至于历史舞台上的其他人物，也都与此前印象中的大相径庭。汪宏声看后非常惊讶，其他人也都不敢相信小说出自张爱玲之手。在课堂上，汪先生别出心裁，将郭沫若的《楚霸王之死》与此文进行了对比。"就两文来看，爱玲君的《霸王别姬》敢于用新手法、新的意义，重述了我国历史上最有名的英雄美人故事，写来气魄雄豪，说得上是一篇'力作'。"

任世间有百媚千红，我独爱着你。当虞姬被张爱玲赋予了时代的独立性格后，少年老成的她也朝这个独立、自主的方向努力。不论如何，汪先生对自己的学生总是不吝赏识、大力荐举。从这层关系上讲，他无疑是张爱玲文学创作上的推手，一直在关爱她、鼓励她，让她通过写作找回自信。等张爱玲成名后，他又写下了《记张爱玲》，文章透着浓浓爱意，无不饱含着对学生的器重与厚望。

黄逸梵再次离家，随之而起的是莫名的喧闹，这声音和院落的花草、建筑完全不搭，她只能在忧伤似海中努力记忆着，母亲的感觉越来越少，就连那些斑斑驳驳的光影，也在伤心中交织起淡淡的离愁，和缠绵的蜘蛛网一样，在风雨的夜晚让思念越发浓重。张爱玲每天都会趴在窗前发呆，生怕自己一不小心就会忘记与母亲的记忆。那些天里，孩子对母亲的牵挂像极了满地的落红，看过去全是人生的凄凉。

无论如何，母亲是她和弟弟生活中的大树。母亲在，她就可以安心无虞地享受生活，可以心安理得地纵容自己。可是母亲转身一走，新来的孙用蕃很快露出了真面目，有时甚至变得非常可憎，她从来都不去考虑孩子们的感受，而是变本加厉地对待他们。弟弟小，自然不太懂得人世的苦楚，但张爱玲却难受得只想死去，尤其是面对着摆在面前的旧时装，恨不得全部用剪刀剪碎扔掉。孙用蕃只是一味强迫。从此，只要在圣玛利亚女校见到张爱玲，她永远都"身穿充满冻疮的旧衣服，自卑而又可怜的从同学面前走过"。这样的形象对张爱玲来说，不但让她显得无比猥琐，而且还越发地自卑，最好的办法就是远远地躲着同学。那种感觉，只会换来别人的挖苦和嘲笑，只会陷在自己的痛苦中。在这样的环境中，她又想起了父亲举行的那场热闹婚礼，所有人狂欢着，只有她独自呆在华安大楼的角落，不知道该以什么样的身份出现，又该如何去面对当下，只感觉心中的火在不停地燃着。好多年之后，张爱玲依然没有忘记这种屈辱，在《童言无忌》中痛苦地写下了当时的感觉："有一个时期在继母统治下生活着，拣她穿剩的衣服穿，永远也不能忘记一件黯红的薄棉袍，碎牛肉的颜色，穿不完的穿着，就像浑身都生了冻疮；冬天已经过去了，还留着冻疮的疤——是那样的憎恶与羞耻。"

　　各种不起眼的矛盾，慢慢在这个凌乱的家庭里弥散着。孙用蕃一直想处理好与孩子之间的关系，无奈总是办法不对，自己又没有耐心，最后落得个"人嫌狗不爱"的结局。一次次的不开心之后，孙用蕃只好在这方面投降认输，生性冷漠的张爱玲却在心中生出许多成见。母亲的离去，已经让她觉着自己成了弃儿，现在又要遭受种种不快，越发感到这个世界是如此无情，她只想远远地离开这个家里。难道真是自己命运不济，必须要来面对这些人生的伤痛？所有的坏情绪不断积聚着，而家就像是头顶的那片乌云，始终让她无法看到明亮。等到毕业前夕，学校给每位同学发了调查问卷，她不假思索地写下了"最恨——一个有天才的女子忽然结了婚"。如此一句话，让人看后云里雾里，也不知道她是受父母离婚的影响，还是看明白了这个糟糕的社会？反正从中散发出的是前所未有的凄凉。这时候，弟弟又挨了父亲的巴掌，那一刻的哭声中，她简直是生不如死，觉得他们是这个世界上最不幸的人。"为了一点小事，我父亲打了他一个嘴巴子。我大大地一震，把饭碗挡住了脸，眼泪往下直淌。我后母笑了起来道：'咦，你哭什么？又不是说你！你瞧，他没哭，你倒哭了？'我丢下饭碗冲到隔壁的浴室里去，关上门，无声地抽噎着。我立在镜子面前，看我自己掣动的脸，看着眼泪滔滔流下来，像电影里的特写，我咬着牙说：'我要报仇，有一天我要报仇。'"字里行间表现出的全是纠结，也就是在那一刻，她为自己的无力感到伤心欲绝。

　　毕业真好，总算可以从大家歧视的眼光中逃离了，从今以后，谁也不再认识谁。而这个让她厌烦之际的家，也是早已铁了心想要离去。思虑许久，她还是忐忑不安地说给了父亲听。张志沂平日素喜女儿，现在她主动能找自己，自然是心怀高兴，可是还没等她把话说完，父亲突然就变了脸，把茶盏重重地砸在桌子上。张爱玲从来没见他发这么大的火，说了一半的话只能被活生生地噎住。

"什么，你还要上学，去哪里啊？"

"准备考英国的伦敦大学。"张爱玲战战兢兢地说。

"好啊，很好啊，终于可以和你母亲一样离开我了。"可以看出他的伤心，同时还有着不舍和恐慌。

其实，求学的事情都是母亲在安排，这个时候，她已经回到国内，想让女儿继续深造，放眼看看外边的世界。女儿的事情她不好出面来说，只能手把手教她如何去和父亲沟通。张志沂也不傻，虽然成天里什么也不管，可女儿话一出口，她就知道这是谁的主意。之所以要发那么大的火，是因为女儿这时候还偏向着母亲。

"你在说什么？这些年我供你吃供你穿，供你上着学，你现在刚毕业就想走？告诉我，你听了谁的挑唆？"父亲越说越气，最后怒不可遏地从烟榻上跳起来，径自把手中烟枪扔到了地上，顿时就见碎片四散，气氛越发地紧张起来。张爱玲不敢离去，只能硬着头皮应对这场面，心里却想着能有人来解围。

张爱玲何尝不知道，父亲嘴中的那个"谁"，指的就是母亲黄逸梵。"母亲回国来，虽然我并没有觉得我态度有显著的改变，父亲却觉得了。对于他，这是不能忍受的，多年来跟着他，被养活，被教育，心却在那一边。"当她敏感地想到这些，突然又可怜起父亲来，明显可以看出，这几年已经十分憔悴了。

孙用蕃摇摆着走来，当她看到这个场面时，赶紧过去安慰了张志沂几句，这才一脸不信任地朝张爱玲走过来，看着她那模样，简直要死的心都有了。两人彼此对望了一会，这才不冷不热地说道："你说你那不省油的娘，都已经离开了咱们这家，何必还要再去操心这些事情呢，这里好歹还有张志沂和我呢。真要是舍不得那就回来啊，回来了也只配做个姨太太。"

　　两个星期后，张爱玲再次出现在院子里。她想着父亲早该忘记了之前的事，便想说说好话求得父亲同意，没想到前脚刚进门，后脚就让里屋打牌的孙用蕃听到了，她一看满脸笑容的张爱玲，伸手就是一巴掌，接着劈头盖脸地骂了起来。"你这个死家伙，到底跑到哪里去了？我问你，你眼里有没有我这个妈？"

　　单纯的张爱玲一下子被打蒙了，她并没有吭气，拔脚就往自己房间走去，正在怒火上的孙用蕃却是不依不饶，争脱了佣人们的拉架后，还要继续冲上去再打，直到看见张志沂走了过来，这才装着非常委屈的样子罢了手。

　　"我不想活了。这就是你养的好种，人家竟然动手要打我！我活不下去了。"张志沂这几天的心情确实变了不少，也挺后悔对女儿发那么大的脾气，本来在稀里糊涂地想这些琐事呢，突然听到院子里有吵闹声，便好奇地走了出来。当他看见张爱玲变得这么无法无天时，一下又是怒火中烧，也没有去安慰孙用蕃，而是走向了惶恐中的张爱玲。

　　一顿暴打，自然是躲不过了。

　　这样的痛打，让张爱玲感到了人生的悲哀，也明白了亲情原来是这般不堪一击。她彻底绝望了，根本就不清楚拳脚是怎么停下来的，或许是父亲打累了，或许是被旁人看不下去拉开了，她只觉得整个世界都是天旋地转，而自己恍若漂浮在旋涡里的一片树叶，甚至树叶都不是，反正只是等着最后的结局。等到周围突然安静下来时，她才好不容易爬了起来，脸上是血，身上也是血，那个长满花草的小院洒满了血。看到这样，却也不再害怕了，起身朝大门口晃晃悠悠走去，大家都看着她，就仿佛在看一头垂死挣扎的怪物。可这做法再次激怒了父亲，他把张爱玲又抓了回来还要打，弟弟这才跑上前，死死抱住父亲，算是逃过了一劫，可他多少也挨了一顿。

父亲停了手却依然怒气不减，并没有让张爱玲出这个门，而是毫不犹豫地把她关在了后院，在那间散发着霉味的黑屋子里，张爱玲简直像抓了狂的野兽，不但恨孙用蕃，也开始恨起了父亲，恨起了这个让她无法开心的世界。一切都是黑的，根本就看不到光亮，而自己到底是什么呢？她真的不知道了。

人生这么无情，又何必给予笑脸？

黑屋子几乎没有光，反正十七岁的她也不需要光，就那么孤独、无力、冰冷地蜷缩在墙角，等到一切都真正静下来时，暗无天日的黑暗中，她不再恐惧，也不在绝望中去想如何去死的办法，而是琢磨着如何才能活下来，她一定要离开这个让她伤心欲绝的家，像基督山伯爵一样逃出去，选择自己需要的人生。

于是，黑屋子里没有了哭闹，没有了绝望，有的只是让人恐惧的安静，那些看守的下人们一次次地探寻着，才算安心下来。时空如此静，就像被人为地按下了暂停键。静中，张爱玲的人生也彻底发生着改变。若不是后来身患痢疾，在佣人何干的帮助下逃离，估计这一生都待在黑屋子里了。

出了黑屋子那一刻，她先是看到了漫天繁星，深深地呼吸了一口新鲜的空气后，整个人差些要醉了过去，何干在一边可没有这么浪漫了，她不停地催促着张爱玲，让她赶紧逃命。趁两班护院交接的空当，蹑手蹑脚的张爱玲好不容易摸到了铁门边。锁好久不用，上面早已生满了铁锈，手刚摸过去，便开始不停地往下掉铁屑，让人紧张得不停地颤抖，越是这样紧张，就越打不开锁，甚至连钥匙孔都找不到。巡夜的人不时发出声音，那声音时远时近，只感觉心都要被吓得跳出来了。最后也不知道门是怎么打开的，反正费了好一番力气，才算把这扇沉重的门打开。

一束光亮渐渐变大，像星星之火在燃烧。外面的风也趁机钻了进来，就好像积蓄了许久一样，顿时要把这院子里熟睡的一切吹醒。风是那么大，大得让人有些不适应，就好像来到了关隘边，来到了大风猎猎的边塞，张爱玲全身的细胞都在竭尽全力地复活。"我在街沿急急地走着，每一脚踏在地上都是响亮的吻。而且我在离家不远的地方和一个黄包车夫讲起价钱来了——我真高兴我还没忘了怎样还价。"

当大家还在熟睡之际，张爱玲终于脱离了心灵的桎梏，从细密生锈的笼子里逃离了出来。她坐在黄包车上欣赏着夜景，恨不得能大声地吼上几句。从那夜开始，这个家庭基本上就和她无关了。

第二章　凡事趁早

心有余香

十七岁的花季仓促结束，像梦一样的被惊醒了。

在母亲的安排下，这个自喻流淌着"贵族血液"的女子，经过一段时间疗伤后，开始默默收拾简单的行李，准备告别这繁华如云的上海滩，开始她人生中的第一次远行。

1939 年秋天，张爱玲终于如愿以偿参加了伦敦大学远东地区的招生考试，取得了第一名的优异成绩。那些天里，她脸上终于露出难以见到的笑容，只等着发通知书赶紧去上学，遗憾的是还没有来得及向家人炫耀，就发生了一件意想不到的事，导致英国之行只能无奈取消。那一刻，她的心情非常落寞，只要一想起自己坎坷的人生历程，就忍不住想流下泪来。

母亲也只能是安慰，接着就去忙自己的事情，留下她心里空荡荡的不知如何是好。随着第二次世界大战正式爆发，作为平凡个体的她又能怎样？张爱玲的梦想也只能是梦想，不管她此时的心情如何。这种境况下，也只能认。

无比的纠结和困惑，死死地缠绕着张爱玲，让她只能眼睁睁地放弃。虽然每天夜里都会哀叹命运不济，但还是要尽快考虑下一步干些什么。正当她想和母亲讨论这个问题时，却又意外接到了学校的消息，说持成绩通知单可改入香港大学就读。想着战乱一时半会结束不了，为了能改善当前的生活环境，她还是迫不及待想赶紧入学。

面对未知，新奇还伴随着担心，不知要去的香港又是何种景象？从听到汽笛的那时起，她的心才算有些安稳，生怕再会出些什么乱子搅和行程。人生的经历，让她何尝不懂？即将得到的幸福才会让人幸福，得到或者得不到的只能是伤心。船徐徐开动，浪花翻腾起来，像是和以往的生活告别，海浪不时朝张爱玲扑过来，冰凉彻骨的水花跃上了船舷，在欢快中泛成了一朵朵雪白浪花，任堆堆泡沫凝聚在一起，又很快飞溅开来，分散成无比细碎的水滴飘散开来。这带着咸味的海水很有意思，时而像清新的山泉，时而像欢快的雨滴，一直陪伴着张爱玲行过这寂寞的路程。

如同一只从笼子里飞出的鸟，张爱玲终于可以自由地生活。等看到透着古色调的香港大学时，心中的沉静又全然成了喜悦。香港大学成立于1911年，作为香港的第一所大学，先后培养出了孙中山、朱光潜等名人，圣玛利亚贵族女校在教学体系、建筑规模、师生人数等方面都不能与其相提并论，毕竟这所大学施行的英联邦教育体系，采用全英文授课，在开放与包容方面有着自己的特色。

一片绿荫密布的校园，望过去是苍翠下掩映着的楼房，处处散发着温热的气息。张爱玲一个人惬意地沿着蜿蜒石阶走着，满眼是说不尽的欢喜。尤其是那些清新淡雅的爱德华式建筑，依次层叠在半山上，以至走了许久，心里还在想着刚才见到的大门。雍容华贵挑高门厅，富于人情的简约结构，和谐自然的视觉效果，再加上精致平实的圆形拱角，无形中就将阳光和热气隔绝开来，这分明就是理想中的桃花源。置身于这样的美好环境中，虽然走来一路疲惫，但心中仍有着说不尽的喜悦，尤其是看着身边一个个充满青春气息的新同学时，便不再为穿旧衣而感叹，所有的不开心也都遗忘在波涛汹涌的海面上，全身心投入到书海中。正是带着这样的兴趣和自我约束，她近乎贪婪地学习着文化、历史，全然沉浸在独特而又丰富的中西文化中。

生活是如此丰富，大学生活的别有情趣完全是另一种模样，当同学们在讨论漂亮的时装时，她却躲在图书馆里自得地啃着书；当同学们谈笑着灯红酒绿时，她仍然在刻苦地读书。大家不解这位不懂生活的同学，只能望着她的高冷止步。有人曾说：所谓用功学习，其实就是获得了让人生不走歪路的知识。相信张爱玲不会这样想问题，她完全是想洗刷掉前耻，只不过这样的方法不为人理解而已。付出有目共睹，收获也让人惊讶，张爱玲几乎每学期都会获得全优的奖学金，可是她并不满足。

港大的时光是美好的，张爱玲始终坚守着三点一线的生活，这在外人看来是枯燥的，可她却在图书馆、教室、宿舍的往来中怡然自乐。就在她习惯了这一切时，日军偷袭了美国的珍珠港基地，点燃了太平洋战争的导火索，战争很快遍及太平洋、印度洋和东亚地区。整个香港顿时浓烟滚滚。原以为可以坚守半年的"东方马奇诺防线"，不到两日便宣告陷落，也就是从那时开始，灯火迷醉的香港变得残破不堪，到处都是火光和轰炸。

好多人还沉睡在梦乡里，听到了猛烈的炮声也以为在做梦，等到人们惊慌失措喊叫奔跑时，生与死的战争已完全出现在眼前。大家都在奔跑，一窝蜂地跑着，有人倒在了街巷上，后面的人也就无所谓地踩了上去，都是为活命，谁还在乎地上这横七竖八的尸体。只有火光是无畏的，不时地从码头、房屋里蹿出来，狰狞的火舌在嚣张地吞噬着一切，很快让人生出恐惧和无望，甚至连水面上也蔓延起了火光，与水中的倒影相互交错着，似乎要把这座入睡的城市全部烧掉。

张爱玲也在人群中跑着，渺小如蝼蚁的她已经没有时间去埋怨人生，只是夹杂在人群中盲目地跑，连鞋子跑掉了也不知道，甚至脚被划破了也感觉不到疼痛。人生不就是这样么，至少张爱玲的记忆里早已淡然了这样的波折。后来她也在想，如果没有这接二连三的战争，是不是她的人生就会改写成另外一种模样呢？为了读书，被父亲关进了黑房子，最终不惜断绝了父女关系。现在逃出了大宅院，可又落入了更为恐怖的战场。读书自然是不可能了，连行李都没来得及带出来。想想梦就这样破灭，真是于心不忍，可是又有什么办法呢？难道这一切的发生，真的是与自己的读书相关？没几天后，大学就被英军临时征用为医院，心神未安的她只能忧心地看着出出进进的伤兵，不知道自己的未来会是何样？

成为医院之后，港大的气氛更加紧张起来，学校接着停了课，学生们只能四处躲藏。在《烬余录》中，张爱玲这样写道："我们对于战争所抱的态度，可以打个譬喻，是像一个人坐在硬板凳上打瞌睡，虽然不舒服，而且没完没了地抱怨着，到底还是睡着了。"这样的文字，这样的心态，无疑是因为眼前的一切都在改变，一切都不以人的命运为转变。这就是人生的沉浮不定。而那些喜欢社交的女大学生，好像迎来了人生的另一个春天，日夜里都在开心着，对战争的残酷完全视而不见，甚至把这样的战事当作人生中的乐趣，纯粹就是醉生梦死地活着。在张爱玲眼里就不同了，她没有心思去考虑华丽的服饰，也不去各种声色犬马的场合，成日里只为着能解决温饱、能安然无恙地活着，当然，要能有书读就更满足了。已经习惯了学校生活的张爱玲，不愿意在浮华中浪费生命，她知道无法回家躲避，思前想后只好报名去参加守城，暂时解决掉吃住的问题。那些天里，她穿着臃肿的棉袍四处乱窜，外人完全就看不出她是个女孩子，头发乱糟糟的像鸡窝，脸上彷佛抹了锅底灰，她知道自己这般模样，可哪里有时间和精力去收拾自己。此时，所有外在的东西都是虚无的，只有苟活在这混乱的世界上才是真实的。

港大周围很快修建起英军要塞，只要有飞机过来轰炸，高射机枪就会对着高空扫射，"突突突"的声音就像是护身符，为避难中的人们带来安慰。躲在防空洞的人平声静气，生怕自己的不经意会给大家带来灾难。枪炮声活生生地插了进来，成了日常生活中的存在，熟悉的风中裹挟着浓浓的硝烟味道，好像把所有烧焦的味道都集中在了一起。四面八方都在冒着滚滚烟尘，以往繁华的街道上不见人流和车辆，眼前只有各种惨不忍睹的尸体、丢弃的战车辎重等。顺着主街道望过去，还有一面战旗斜斜地插着，从那千疮百孔的破碎中，让人能感觉到战争的惨不忍睹。

学生们进了防空洞后，枪声似乎变得密集起来，彷佛双方的对决已经延展到附近。潮湿昏暗的防空洞中全是人，大家相互拥挤在一起，都紧张得不知如何是好，那些爱美的女同学也知趣起来，不再明目张胆地秀时装了，而是默默祈祷着战争赶快过去。炸弹不停地炸开来，狭窄的防空洞中不时传出沉重的回声，还伴随着人群低沉的惊恐声，封闭很快就被声音刺破，很快又归于无比可怕的沉寂中。大家都高度紧张，保持着原有姿势不敢有丝毫变化。虽然这样，还是有胆小的同学无法面对这种恐怖，巨大的压力下突然放声大哭起来，也不管不顾周围的人如何想。

惊悚像一把悬在头上的利剑，越发让人感到压抑和沉重。现在看来，防空洞哪是想让人活下去，分明是想方设法让人学会痛苦和厌世，原以为经历过就会有所感触，只是没想到大轰炸刚停下，里面的人就谈起了享受，似乎世界末日即将来临。如果说，只是谈论吃喝也无所谓，但有的同学却迫不及待地登记了结婚，生怕过了这一时半会儿，就会耽误了自己享受人生的快乐。

种种现实做法让人不解，就在张爱玲费尽脑汁想这些的同时，却已经被大家视为不解风情的人。说就说吧，也懒得去理会这些，她那时担任防空员，工作也就是安顿好大家，每每辛苦做完这些事情，就会捧着书自顾自地陶醉，"马上得其所哉，一连几天看得抬不起头来"，才没心思去管炸弹的威力如何。这些书都是从图书馆"偷"来的，反正也没有人去管，她可以在残破的建筑中随便乱翻。书中的世界很精彩，常常吸引着她忘记身边的恐慌，包括战争与死亡。有书可以忘记一切，综观历朝历代喜欢读书的人，牛角挂书的李密，凿壁偷光的匡衡，囊萤映雪的车胤、孙康等人，都是发愤读书的典范，而眼下的张爱玲之所以要刻苦地读这些书，其实是对自我心灵的净化，尽量把它想象成落难中的桃花源，尽量能让自己心无旁骛不去胡思乱想。

越是乱世，越能让人静观这个喧闹不休的社会，她又怎么会轻易地放过这机会呢？书便这样成了她不离身的朋友，也成为了观瞻社会的窗口，她在这安逸的环境中享受着。战事也在不断地升级，图书馆的楼顶上干脆也架起了高射机枪，只听得每日里都在"突突突"地发着可怕的声响。有次炸弹落在防空洞附近，爆炸声几乎要将这个世界掀翻，只觉着眼前一片模糊，张爱玲认为自己必死无疑，也不知过了多久才从黑暗中睁开眼，那一刻不敢相信自己还活着。张爱玲起身拍去泥土，找到书后又如痴如醉地读起来，也不去检查身体是否受伤。有同学好奇地问，为何倒地之后还要用土来遮住脸？她这才不好意思地说，死了也不能没颜面。这样的答复让人忍俊不禁，好像只是平日里的玩笑，有同学拽她出去透透气，她也是一本正经地恳求对方先读完手中的书。

反正，生活就是这样痛并快乐着，而她认定了快乐的事就是读书，不想辜负时光和残喘的生命。清楚人性的劣根性，只想躲在书本中自成一统，不在乎这座城市所遭受的创伤，这既是内心自私的表现，也是家庭和这个社会带给她的阴影。"能够不理会的，我们一概不理会。出生入死，沉浮于最富色彩的经验中，我们还是我们，一尘不染，维持着来日的生活典型。"

枪声和轰炸持续了近十八天后，才渐渐平息下来，各种刺耳的声音没有了，四周又在烟消云散中恢复了平静。

香港沦陷了，这就是战争的结果。

沦陷后的最大变化，就是张爱玲再也无法心安理得地去读书了，学生们都被安排到临时医院做看护。对她而言，这份看护工的工作实在无聊，若不是为了解决吃住，才不愿做跑腿递东西的事。到处都是病人的呻吟，孤独感越发强烈起来，张爱玲觉着自己这样就是在浪费生命。临时医院环境很差，患者们多是烦躁不安，从他们眼中透出的是无助，慌乱的张望中还伴随着凄厉的喊叫。张爱玲实在无法逃避，只好硬着头皮来应对，坏心情却是一天天在蔓延，她只能想办法营造所谓的小世界，尽量能让自己躲起来，可以心平气和地安心读书，不再无休止地烦乱下去。

有次夜班，一位患者叫喊着在半夜醒来，抱着身体在床上打滚，张爱玲一时半会儿找不到医生，只能反复地安慰，感觉病人要被痛苦撕裂开来，只能把所有的希望寄托在她身上。看到这样的举动，张爱玲没有心生怜悯，而是感到莫名的厌恶，使劲摆脱后这一切后转身到了一边，径自拿书读了起来，病人们被惊醒后，不解地看着她，她这才在指责中很不情愿地走过来。

"护士，我想要喝水。"患者眼睁睁地望着她，此时的张爱玲就是他活下去的希望。他的背部已经腐烂，嘴唇皲裂，一道道口子里渗着血丝，张爱玲想都没想，轻声细气地回应："没有水。"接着又要习惯性地拿书来读。书就像是她的药一样，感觉是时刻都无法离开。看到这些，患者也只能无奈叹息，沉寂了一会儿再次睡去。过了片刻后疼痛又开始加剧，患者大声叫喊起来，比以前还要剧烈。张爱玲这次却是铁了心，任凭着谁说都不理睬。一面是书中岁月的漫长，一面是人性沉沦的冰冷，而张爱玲用自己的人性真实还原着香港社会的冷漠。

"生命应当是华美的，是尽情的享受，不该有这样的惨厉。"张爱玲这样，其他人也是这样，从来只是为自己的事情考虑。在人性的压抑和摧残下，把从这个世界学来的冷漠，又重新还给了这个世界。"她从来不悲天悯人，不同情谁，慈悲布施她全无，她的世界是一个没有夸张，亦没有一个委屈的。她非常自私，临事心狠手辣，她的自私是一个人在佳节良辰上了大场面，自己的存在分外分明。"

因为没有人照顾，那个半夜要水喝的病人很快死去，脸上满是人生的缺憾。国家和民族都已沦难，谁会去在乎个体生命的死活？"这人死的那天，我们大家都欢欣鼓舞。是天快亮的时候，我们将他的后事交给了有经验的职业看护，自己缩到厨房里去。我的同伴用椰子油烘了一炉小面包，味道颇像中国酒酿饼。鸡在叫，又是一个冻白的早晨。我们这些自私的人若无其事地活下去了。"面对生死，大家习以为常，只是用这样的狂欢仪式漠然着。浮华之下的张爱玲，冷漠地看着这个时代的慌乱，也感受着人生的哀伤，然后事不关己地读着自己的书。

一场不期而至的战争，不经意间改变了人的命运，人们丧失了对生活的热情。日本人为了改变香港这座城市，把它打造成"大东亚的中心"，很快就出台了《人口流散计划法令》，香港大学也被迫停止了招生，这种环境下的张爱玲只能无奈回到上海。回首过去的三年，香港的生活就是一场梦，一切都是那么懵懂而不真实。这或许就是人生的宿命吧？！

独向天问

世事无常，失落无尽。

望着远去的香港，张爱玲被一种说不清的情愫所牵系，船徐徐开动，海水肆意翻滚，周围挤满逃难的人，眼前出现的全是人生的泡影。虽然这几年一直无法喜欢香港，可真正要离开时又有着伤感。

因为离开，张爱玲心中充满了苍凉。1941年的上海，依然是光影的时尚中，流淌着繁华的香艳。中断学业的她无家可归，只能借住到姑姑家。当侄女突然出现在面前时，一直未婚的张茂渊的生活被打乱了，发乎内心的爱却不知如何表达，只能是紧紧抓住她的手，生怕不小心就会再次离去。姑姑一直很疼爱她，张爱玲去香港大学读书后，是她委托好友李开第作为监护人照顾，李开第喜欢张茂渊，每次去看望张爱玲时，都会带去一大堆吃的喝的。

姑姑开心地收拾着房间，张爱玲一直看着她的背影，"她对我们张家的人没有多少好感——对我比较好些，但也是我自动沾附上来，拿我无可奈何的缘故"。一路上感觉有很多话要说，可香港故事才到嘴边顿觉无味，以至想到人活着到底是为了什么？她知道，人生路上哪能顺水顺风，只想把这些不快全然忘掉。松软的床铺很舒适，躺在上面，疲惫全无，阳光从窗外照进来，柔柔地洒满一地，像盛开的希望在慢慢发芽。

喜欢，是前所未有的满足。房间不大，淡淡流淌的音乐让人很享受，时而是传统古典，时而是西洋风情，滋润着那些鲜艳的花束。墙上贴着浅黄的壁纸，家具透着不凡气度，静处一角的落地灯，用奶黄色的光装扮着华美的梦想。沙发最具情调，倚靠在上面可以目空一切地发呆，可以天南海北想开心的事情，倘若天气不错，可以慵懒地俯在阳台，就像站在船头来观瞻这座城市所有的美好。这样的感觉是美好的，可以满足所有的欲望。"晚烟里，上海的边缘微微起伏，虽没有山也像是层峦叠嶂。我想到许多人的命运，连我在内的，有一种郁郁苍苍的身世之感。"

漂泊这几年后，她突然对家生出了依恋。沧海横流，家才是心中最美的港湾，有着温馨和幸福。这莫名而来的感动，让张爱玲感到了满足，甚至忘记了先前的暴打，或许是经历了香港围城的生死，见识了仓皇逃窜的凄凉，她现在情愿像蜗牛一样躲在这里。

几天后，张爱玲就从往事中回过神来，从姑姑口中也知道了香港求学这段时间家里发生的事情。先是母亲结识了一位美国男友，没多久后就去了新加坡，他们看准商机收购了一批鳄鱼皮，打算加工后出售赚钱，只是没想到战争突发，连男朋友也惨死在炮火中。时局动荡，生死未卜，所有想法都成了硝烟中的飘忽不定，货物自然没心思去管，一时半会儿也无法与张茂渊取得联系，只能暂时决定前往英国。

人生就是这样，在英国找寻不到生机后，她又辗转来到印度。都说树挪活人挪死，没想到她出色的工作能力，竟让她成了尼赫鲁总理姐姐的英文秘书，真是悲伤一时，开怀一时。黄逸梵并不安于现状，工作一段时间后又来到马来西亚当了老师。原以为命运通过努力会发生变化，结果这次却落了空，"她的一切努力似乎都没有得到好的结果，主要收入还是靠买卖从中国带来的几箱古董"。

战争如此无情，一贯生活阔绰的姑姑，也因投资失败失去工作，所有意想不到的变化，不由得让人心生感慨。"我每天说半个钟头没意思的话，可以拿到几万的薪水，我一天到晚说有意思的话，却拿不到一个钱。"子静的身体向来虚弱，素来与世无争，通过关系去了复旦大学，只是大学生活还不及两月，就因为停课关门回家等候。父亲还算不错，回上海后去了日本开办的银行担任英文秘书，为了不与汉奸身份扯上联系，辞职后与人合伙办了钱庄。效益不错，但他大手大脚，不断从钱庄支钱，最后搞得大家不欢而散。

家道落魄，张志沂无奈地带全家搬到了一座小洋房里，姑姑一肚子委屈无人言说，看她平时里生活安逸，实际上拮据得只能勉强度日。张爱玲看在眼里，只得提出报考圣约翰大学的要求。这要求让姑姑很为难，一时间和母亲无法联系，两人商量后决定去找父亲。

提到父亲，张爱玲只是说不出的恨。

好不容易逃离黑屋子，一直拒绝和父亲有任何来往，现在要她回去讨要学费，她有些不知所措。子静听到消息后及时赶到，好些时日不见，彼此都有了很多变化，姐姐更是清秀和性感，长发下闪现着成熟的美，当即让人想起母亲海上归来时的装束，也是这般风采翩然。在姐姐眼里，弟弟高了许多，比离去时更加强壮。接下来就诉说彼此的不同经历，时而开心，时而伤感，感觉时光如此匆匆，让人不堪回首。

他们似乎有很多说不完的话，姑姑在一旁连嘴都插不上，只能做些端茶倒水的事情，谈及将来的打算时，张爱玲说她准备去报考圣约翰大学，完成香港大学未竟学业，恰好子静也准备报考这所大学。不谋而合的想法让他们聊得更加默契，也让张爱玲的心情有所好转，当他知道姐姐为学费问题愁眉不展时，拍着胸脯保证回家找父亲商量。看着以往胆小的弟弟，她突然感觉到了亲情的可贵。

弟弟对这事特别在意，父亲听后满眼酸楚，眼前又闪现出一幕幕往事。当时，黄逸梵执意要去国外，只剩下他们几个相依为命。虽然可以去看电影、逛公园、下馆子，但没有女人的家庭显然是残缺的。有时候，孩子们也会问及妈妈，他只能想尽一切办法搪塞。夜深人静，也没有办法去埋怨谁，只能恨自己太不争气，眼下是如此混乱，能出去求学实在不易，若是自己当初不动手打人，也不至于变成今天这尴尬的局面。

"她长高了吗？"

父亲依然不冷不热，带着让人难以觉察的迫切。

子静就开始说姐姐如何漂亮，一番天花乱坠后，发现父亲的眼角有着淡淡的笑容，虽然被皱纹所掩盖，依然能发现他是开心的。思虑了一会儿，张志沂才不紧不慢地说："你叫姐姐回来吧！"

为了等这句话，张爱玲几乎是绞尽脑汁。现在她终于释然了，虽然不好意思见父亲，可心里还是盼望着能见一面，毕竟那些年大家一起读书、游乐的时光让人难忘。伤痛真的能改变人，时间也会于千万人之间把你找寻出来。看似一脸严肃的张志沂，其实在听到子静的那些话时，已经不再计较过去的那些事情。

张爱玲见到的一切都很陌生，这位于福理履的新家，完全和祖上的大别墅没任何可比性，楼房看似精巧别致，远不如先前的居所温馨。面对这一切，除了感叹外还能怎么样呢？父亲明显衰老了许多，衰败的气象散布全身，张爱玲突然心疼起父亲。执拗的她偏偏要表现出冷漠，一丁点笑容也不愿意笑出来。

张志沂见到女儿这样，知道她心里还有气、还有恨，自然也是说不出口的后悔，也不想去为难她，尤其看到这模样很有黄梵逸的感觉，很快答应了张爱玲的请求。事情一结束，她便告辞转身离去，没有给父亲留下丝毫的想象空间。远望着身影从他眼前消失，留下的只有张志沂仅存的那些回忆。

子静也是什么也没有说，他知道姐姐永远不会回这个家了。父亲也明白，可是什么也没法说。生命就是这样，能忘掉的叫过去，忘不掉的叫记忆。

而这匆匆一别，真的是永生不再相见。

也不知张爱玲这样执拗图的什么，是想出口恶气，还是想证明个性？不到十年工夫，张志沂也没有资本来花天酒地了，他的身体越发瘦弱，似乎风一吹就可以倒下去。一个漆黑的夜晚，他可怜地死在了搭建在洋房外阳台的窝棚中，随着房子被抵押出去，这阳台成了他最后的家产。即便这样，张爱玲也没有回头，真的不知谁负了谁，谁又伤了谁？

与复杂的家庭矛盾相比，大学生活是轻松的，尤其这对姐弟又多了见面的机会，更有着说不出的开心。校园虽大，但可以经常见面，即便只是匆匆掠过的眼神，也能让彼此觉着喜悦，感觉又回到了年少时，一切都是那么顺其自然。最幸福的要数子静，他这些年最缺少的就是亲情。彼此在一起读书，性格却大为不同，子静喜欢安静，张爱玲个性张扬，很快就改变了相对拘谨的穿戴风格，用奇装异服来表现自己的另类。在别人眼里，她就是一道供人观赏的风景。

斯里兰卡女孩炎樱性格开朗，喜欢文字，与张爱玲结识纯属偶然，这种缘分着实难得，若不是在上海去香港的船上擦肩而过，也不会在同一所大学相遇，从而成为生死不渝的知己。有朋友陪伴的日子自然快乐，只是开心没有持续多久，生计又成了摆在面前的现实问题。经受过向父亲低头的难堪后，倔强的张爱玲再也不愿向人开口，干脆打算离开学校，她从来都是想到就做到的人。从此，这位活得自由自在的精灵消失了，成了同学们闲谈的话题。

子静一直被蒙在鼓里，也许怕弟弟伤心，也许担心他会劝阻自己，也没有招呼就悄然离去。听到这消息后，单纯的弟弟立即就去找姐姐，规劝的话说了那么多，可她只是冷冷地从鼻孔哼了几声。"一个没有好教授的大学，到底让人怎么去学习，别说学什么知识了。"

真是为学不到知识离去，子静也不会有任何言语，可她偏偏要骗自己，实在让人不可思议。"她是个六亲无靠的人，她只有她自己了，赤裸裸地站在天底下。"经过一番激烈的言语交锋后，他自己先行冷静了下来，心里虽说酸涩，心底仍旧舍不得姐姐轻易放弃。他很快为姐姐设想了不少工作，有教师、有编辑，就好像她无所不能，且不说这种真诚的爱如何，张爱玲却让他连话都没有说完。"我的事情不需要你来操心，况且这样的事情我不做。"

这就是张爱玲，转眼就忘记了先前求助子静的事情。他没有生气，谁让姐姐就是自己的骄傲呢？张爱玲最后还是耐着性子听完这些话，含着笑说："听你的话就是，我给报馆写稿赚钱。"

这些年虽然来回奔波，但张爱玲从未在文字方面放弃自己。先是给校刊投稿，后来又陆续给各种报刊写稿。不但用汉语写，而且还用英语写，她的时间几乎全花费在这些事情上。大学期间，她给《泰晤士报》写了一系列的影评。那个落魄的父亲时常也会通过报刊关注女儿，来满足自己的梦想。可以说，他最早发现女儿的天赋，并陪伴着她阅读成长，在某种程度上，这样的爱是默默无闻的付出。没错，她发表的那些文字多是丑化自己，无非是写自己如何龌龊，写自己如何败落，写自己躺在床榻上抽烟，写自己如何毒打自己的孩子，可他还是会在心惊胆战中读完，慢慢地理解着女儿的内心世界。

光阴逆旅，浮生若梦。张爱玲为了划清人与人之间的界限，用冷漠打造着自己的独树一帜。

这就是她，生命中不一样的芳华。

少年芳华

香港沦陷之后，上海没过多久也沦陷了。

整座城市很快陷入到沉寂中。习惯创作的张爱玲，并没有为此感到伤怀，反而敏锐地觉察到上海文坛突然处于"意识形态真空"的状态，便埋头创作了一系列作品，来应对这一时期人们的恐慌。她的目的很简单，就是用文字赚取稿费，没想到歪打正着改变了当时文坛创作的萧条局面。

正是凭着这股创作热情，让《二十世纪》杂志主编克劳斯·梅奈特收到张爱玲的稿件后，为这清新的文字不由喜欢起来，《中国人的生活与时装》只是记录了中国人的服饰变化，却体现了人们独特的审美观念。文章切入点很独特，读起来也是饶有趣味。梅奈特在版面紧张的情况下将全文刊发，竟占了整整八个版面。张爱玲也没有想到主编赞誉她是"极有前途的青年天才"。

作为回报，灵感涌现的张爱玲也不负梅奈特，接连创作了《梅娘曲》《桃李劫》《万世流芳》等文章。这些用心完成的文字，不时地在读者中引起反响，就连柯灵先生也说："我扳着指头算来算去，偌大的文坛，哪个阶段都安放不下一个张爱玲，上海沦陷，才给了她机会。日本侵略者和汪精卫政权把新文学传统一刀切断了，只要不反对他们，有点文学艺术粉饰太平，求之不得，给他们什么，当然是毫不计较的。天高皇帝远，这就给了张爱玲提供了大显身手的舞台……"

因为喜欢，所以她在文字中找寻着自信，填补着因拮据而退学的尴尬，随着一篇篇文章的发表，张爱玲在各种赞誉中越发满足，也越发觉着自己更适合从事文字工作。"我是一个古怪的女孩，从小就被称为天才，除了发展我的天才外别无生存的目标。"看似自以为是的目标，可她就喜欢每天都伏案写着，这样的累也是值得的，大概也是张爱玲离校后最开心的时光，以至她自诩"我出来就是写小说的人"。

看似说的玩笑话，实则是满满的自信。确实，她用独到的眼光在观瞻这病态社会，把所有寂寞、梦想都融于笔端，这也是张爱玲文字受关注的原因。与梅奈特主编交往深入后，她的各种文字更像河水一样源源流淌，慧眼识才的主编自是喜在心里，开始安排张爱玲撰写影评，鼓励她写有影响力的大稿。能有这样的平台不容易，自然要不遗余力地维护，生怕会因不小心而失去，就像父母照顾自家的菜园子一样。

当《洋人看京戏及其他》《中国人的宗教》等文章刊出后，读者更是不待油墨散尽，就将刊物抢购一空，主编更是对张爱玲刮目相看几分。要说这些文字，确实与以往有着不同，时时处处"拥有如沙，心不知处"的禅悟，有着分外不同的情调所在。"她不同于她的中国同胞，她从不对中国的事情安之若素；她对她的同胞怀有的深邃好奇心，使她有能力向外国人阐释中国人。"一篇文章只是写无关痛痒的悲欢离合，怎么能表现出内在的深刻？张爱玲的不同在于，她能将生活的各种琐碎细小，巧妙地布局在自己的文字当中，写下凡心所向、素履所望的故事，常常会让人误以为她有过太多阅历。细细品味时，却发现字句中蕴含着不易察觉的独特体验。

这个春天来得挺早，只是风中还略带寒气。张爱玲对天气不敏感，只是思虑着如何完成自己的故事，现在看来，文字已全然成为她的全部人生，就那潜心伏案的背影，也执着地表现着她的所有自信。文字看似平淡无常，却写满了这个城市里的酸痛，写满了情场上的卿卿我我，写满了黑暗角落里的悲伤。所以她的心思无疑是细腻的，细到每个故事都让读者从中找到自己的影子。过去的这一年是开心的，张爱玲每天都用文字在故事中徘徊、纠结、开心、发狂，以"自己良心上的非常痛快"，表现着各种各样的现实。

虽然是背影，但她就是这城市里独自绽放的花，以自己的冷艳面对着这个世界。姑姑很高兴她的这些变化，看着她发表的一篇篇文章，很快把她推荐给了远房亲戚黄岳渊。

生于奉化的黄岳渊，在上海滩是个不折不扣的怪人，一个从来让人琢磨不透的园林家。他一生最大的爱好就是务农各种草木，于他而言各种劳累都是幸福的。"不识黄园菊，枉为上海人。"所以黄家园子的精致也为大家所公认，许多人常常以来这里赏花为荣。张爱玲有时也会来到这园子里，进去后就到处乱窜，吓得老人心惊胆战，生怕她的毛手毛脚会伤了这些宝贝。其实她哪里有心情去看花，不过是来看看老人，陪他说说话、解解闷，时间一久，老人也喜欢上了这精灵的丫头，尤其是她不俗的文笔。

上海沦陷后，整个城里的人都在想办法逃命，可是他的园子和往常一样照开不误，乱世中能做到这样，除了有自己的路子外，骨子里还有着不屈的气节。黄老善于交际众所周知，这其中就有个朋友叫周瘦鹃，素日喜欢写你情我爱的作品。这天，他外出办事路过黄家园子，便直接去找黄老头讨茶喝。好久不见，其实也是想和老哥们一起聊聊天，顺便说说《紫罗兰》杂志复刊的事。花痴黄岳渊对这事好像漫不经心，任他说得天花乱坠，却一直只顾着修剪杂叶。

周瘦鹃从小丧父，母亲一把屎一把尿拉扯他，从事文学创作后，喜欢写生活中的优柔，爱情里的缠绵，但精神里始终含蓄表达着理想。成为鸳鸯派的当红作家后，对外来侵略者充满仇恨，时常在文字中不忘发泄对政府软弱的情绪。看到老朋友如此爱花，在离开前还是忍不住说起办刊的事，意思是让他有优秀作者尽管推荐就好。黄岳渊听后大笑着推荐了张爱玲。

《紫罗兰》杂志于 1925 年创刊。

生性多情的周瘦鹃有次去看演出，与女学生周吟萍一见钟情，虽然爱得不顾一切，最后还是因家庭环境悬殊被迫分开，彼此只能执手相看泪眼。看着心上人投入他人怀中，只想淡然一笑忘记这些。等到周吟萍出嫁那天，周瘦鹃没想到自己也会受到邀请。为能多她一眼，还是忍着悲痛出席婚宴。把别人的婚礼当别离，确实也是没几个人了，可对这一对情深意切的人而言，就是要想办法生活在一起，只是不知道还有没有机会，一切都只能看缘分了。

周吟萍深爱着周瘦鹃，可女孩子苦于有心无力，为躲避和丈夫同房只能去南京工作，她的心已毫无保留地全给了周瘦鹃。周吟萍英文名叫 Violet，也就是紫罗兰的意思，平时通过书信表达爱恋的周瘦鹃，为让心中的这片颜色永远存在，屋子是紫罗兰色的窗帘，养的花是紫罗兰，连墨水也是紫罗兰色。只有面对这样的色彩，他的心绪才会暂时得以安宁。也为缅怀和记忆，他又先后写下了《紫罗兰集》《紫罗兰文外集》《紫罗兰庵小品》。或许这才是爱，用不着轰轰烈烈，但至少是刻骨铭心。到后来，为表达自己执着的爱，又干脆办了本《紫罗兰》杂志，在游戏人生中表达着至深的爱。后来，他写给女儿的信中也坦言："你总该知道，我从十八岁起，就爱上了紫罗兰，经过漫长的五十二年，直到今年七十岁，仍然死心塌地爱着它。正如诗人秦伯未先生赠我的诗中所谓'一生低着紫罗兰'。……我为什么这样念念不忘紫罗兰呢？你当然知道象征着我所刻骨倾心的一个人的。花与人，人与花，早已混为一体，而跟我结成毕生以之的不解缘了。"

痴情莫过于如此，周瘦鹃的做法让好多人汗颜不已，正当人们陶醉于各种唯美的故事中时，《紫罗兰》杂志却意外停刊。无论如何打听，终究也不知原因。杂志停刊，周瘦鹃的爱却始终没停，他为着这份深藏心中的爱坚持着，都说离别是一种美丽，可在时光逝去了十年后，还是不愿忘记，直到《紫罗兰》杂志重新复刊。过去那些事，更像是极其美好的故事，一直在脑海里面萦绕着。

张爱玲很喜欢书里的故事，却不知道他本身也有着这么多故事。彼此都不熟悉，张爱玲又是无名之辈，周瘦鹃记不住也在情理之中，正当他绞尽脑汁为作者的事犯难时，张爱玲恰好出现了。周瘦鹃发现了她眼中的忧郁，很快生出好感，经过交谈后才发现，张爱玲竟然如此懂上海城的精髓，把城里人的自大与精明描述得深刻而有趣，尤其是在表现小市民的精神时，更有着入木三分的淋漓，而这些都表现在作品中，新作《沉香屑：第一炉香》《沉香屑：第二炉香》就端放在他手头。

1943年的初春，23岁的张爱玲来到了周瘦鹃的家。原以为是严肃的长者，没想到他话中还有着幽默，于是就有了意想不到的亲近，彼此喝着茶，谈话中也知道了张爱玲的经历。张爱玲眼前浮现出了很多画面，当初在父亲书房里，自己偷偷读着《恨不相逢未嫁时》《此恨绵绵无绝期》等爱情小说，心中总有种无法控制的感觉，后来才明白是青春时代的春心萌动。

能度过许多孤寂的时日，少不了这些书的陪伴，让她度过了并不完整的童年。泪水和哀叹中，周瘦鹃的文字始终在传递着徐徐温暖，妈妈和姑姑也是他的粉丝，有时会痴迷到无以复加的程度，也会看到她们为人物的命运悄悄落泪。想到这里，张爱玲脱口讲起这些过往，最后还不好意思讲起自己曾写过书信，恳求他能将小说中的人物命运进行调整，当时很盼望收到回信，只是从没想过会在这里促膝长谈。经她这样一说，事情顿时变得风趣无比，虽然他想不起还会有这样的事情。

在当时的上海，周瘦鹃被称为"文坛哀情巨子"。可以想象他对作品要求有多严格，趁他漫不经心翻阅之际，她百无聊赖地环顾四周，古色古香的书房里到处都是书，散发着淡然的清新气息。不远处有供桌一张，上置宣德炉一个，闪烁着青铜色泽，其间有紫罗兰的香在燃，弯曲的香灰已成曲线，终究还是忍不住吸了一口，差些被这清淡如素的香气所陶醉。

好像过了很久，漫长的沉寂让张爱玲一直忐忑不安，后来就一直盯着周瘦鹃看。他手捧着书稿不慌不忙，似乎又过了许久，老人才起身揉了揉腰部，缓缓取下眼镜。

"你先把书稿留在这里，待我读完给你答复？"

说话很柔和，却又那么不容置疑。不待张爱玲回复，又用手来回揉着太阳穴位。粗略感觉文字和故事架构都很有特色，当然更欣赏的还是她的文字，落笔不俗中带着别具特色的清秀，突然对黄岳渊越发地佩服。只是他没有明白，一直用英文给外刊写文章的张爱玲，骨子里为何要坚守着传统文学。

又过了一个星期，张爱玲出现在周瘦鹃家里。周老这次可没有慢待小朋友，闻讯后早早在楼下等候，还特意用上好的茶来款待她。之前有过一面之缘，大家也算是熟悉了，开门见山就谈到了稿件。周瘦鹃一点儿也不含糊，说起来头头是道，看起来是个旧文人，实际上却学贯中西，在文化圈子里很有影响力。通过翻阅这些文章，他已从中读出了毛姆，找到了《红楼梦》的感觉。有了这些基础，彼此要比上次聊得开心多了，尤其在谈及西方文学时，更是有着不同的观点碰撞，让周老对张爱玲更具惜才之心。分别在即，气度轩昂的周瘦鹃笑着说："我打算发表你的作品，不知你是否愿意？"

听到这里，张爱玲点头应允，还大方邀请周老有空来家小坐。这样的做法，实际上是对自我的挑战，也是对客人难得的待遇。

内心欣喜，做什么都愉悦。

如梦传奇

爱丁顿公寓的地段不错，地处交通便利的上海常德路、南京西路、愚园东路交汇处。这座有着意大利风格的建筑轮廓分明，有种不可侵犯的神圣感。厚实的墙壁表现出质感，小巧的窗户透着神秘，半圆形的拱顶高耸着精致。外面被各种曲线包裹成浪漫，里面更藏着不为人知的惊艳。和谐的欧式风格，不断装扮着张爱玲的梦想，让她在这里完成着一系列作品。

没多久，周瘦鹃主动登门拜访。"我如约带了样本独自去那公寓。乘了电梯直上六层楼，由张女士招待到一间洁而精的小客厅，见到了她的姑母。这一个茶会中，并无别客，只有她们姑侄俩和我一人，茶是牛酪红茶、点是甜咸具备的西点，十分精美，连茶杯和点碟也都是十分精美。"他一身长衫马褂飘逸如仙，传统中国文人打扮，坐下后才递上新出的杂志。不及张爱玲去翻阅，淡淡的油墨味已在公寓里散布开来，很快在绿油油的植物间弥漫穿行，不知是人在看书，还是书中的故事在欣赏这四处的绿色。

时而凝神，时而傻笑，新刊带着许多诱惑，每打开一页就会让人兴奋。只有姑姑在一旁不停地招呼着周瘦鹃，彼此都含笑点头致谢，谁也不去打扰她。

得知周瘦鹃要来的消息后，张爱玲和姑姑商量了许久，才决定用西式茶点来款待他。为体现自己的生活品味，特意选了得体的淡蓝色旗袍，戴上小边框的眼镜，衬着淡黄色的室内温馨环境，很快就有了意想不到的红颜沉香的曼妙，就连自己在镜子里看得也不好意思。姑姑在一旁不停地开着玩笑，让她不禁有些心花怒放起来，从来还没有过如此舒服的感觉。都说美人骨头轻不过三两，可今天的张爱玲越发地优雅，这样的不同，似乎不是为了谈稿子，而是要谈恋爱一样，尤其是那优雅的笑容、雅致的风韵、迷蒙的温柔，在举手投足间都有着十足的女人味。

既然是茶叙，自然要营造出非常好的氛围，阳光柔柔地铺满客厅，三个人惬意地聊着天，从过去谈到当下，从花草谈到情感，从生活谈到社会，从人生谈到文学。似乎这样的天马行空，只是为迎合这样舒适的环境。所有这些都出乎周瘦鹃意料，先前看起来毫不起眼的张爱玲，竟然也展现出了蕙质兰心的一面，即便是姑姑也是不失大家闺秀的林下之风。喝着幽香的红茶，在淡然的茶味中谈着情趣，好多年后，他还对花信年华的张爱玲印象特别深刻，纯真的面色下，纷飞着真诚自然的笑容。

有过近距离的交谈，他对张爱玲又有了不少了解，这位世俗而又出尘的女子在打动着他，让他感到前所未有的惊诧。既然有记忆，擅长文字的周瘦鹃怎会放过这机会。华丽的文字不断充实梦想，让人看不清现实中的烦恼，更不要说那些彻骨的凄凉。在繁华世故的上海滩，张爱玲只顾惬意地写着各种新作品，来满足自己简单的内心世界，有时也会被文字中的故事打动，继而唤醒起沉睡的激情。

这个世界是有趣的，张爱玲更喜欢在风花雪月上下功夫，通过许多唯美的文字，来轻松摹写这个特殊的时代。她随心所欲地书写着各种传奇、秘密和纸醉金迷，简直就是一个包罗万象的大舞台。好多时候，她把自己设想成骑士、侦探，用笔表现着和背风处的情欲、少妇娇媚的姿态、舞女的贪得无厌、情侣的卿卿我我，这些故事让人眼界大开，在混乱中杀出了一片新天地。《沉香屑》系列作品一经推出，立即就在上海风行起来，读者对此书大加欢迎。周瘦鹃也给予高度评价："请读者来共同欣赏张女士一种特殊情调的作品中，而对于当年香港所谓高等华人那骄奢淫逸的生活，也得到了一个深刻的印象。"

阳光温热，岁月静好。张爱玲看上海的眼光是独特的，虽然好多人在表现着这座城市，可她还是想在这尽善尽美上点缀忧伤、寂寞。一座原本沉睡的城市开始涌动起来，让大家对张爱玲越发地好奇。《万象》杂志的主编柯灵也敏锐地觉察到了商机无限，不断催促着他想与这位新秀结识。

生活在这个衰颓的时代，苍凉只是视觉的外在表现，强烈的深刻感触及着内心。柯灵想尽办法联系张爱玲，想请她签约自己的杂志，一想到那些受欢迎的文字，嘴角都是满满的笑容。可费尽了一番周折又回到原地，才知道必须要找周瘦鹃。

都是在文字圈混的人，不会有人出手拱让这些资源，况且还是面对心高气傲的周瘦鹃，他可没傻到挖自己墙角的地步。刚刚放下这些想法，准备心平气和做些事情时，张爱玲却神奇地出现了，这样的意外让人有些手忙脚乱。

没错，身着旗袍翩然而至的就是她，提着个精致的手袋，里面装着刚刚写好的稿件。在阳光的照射下，她仿佛从时光的深处走来，带着优雅的含蓄。柯灵就这样被她给折服了。

还不待她说明来因，也不及他端茶让座，两个人就寒暄起来。一边看着她慢慢掏着书稿，一边是按捺不住的喜出望外。身材那么高大的人，动作却丝毫看不出粗野，像极了春水滋润树木的芽孢，看上去满含柔情。小手袋似乎装了很多东西，而她就那么心安理得地翻着，也不管对方什么想法。柯灵细微的心思中很快浮想联翩，旗袍侧影犹如河边摇摆的绿柳，在婉约中蕴含着生命的起伏，等着一层层包裹纸打开，感觉她的轻柔不是取东西，而是用心呵护某种宝贵，生怕不小心就会有所破损。细腻的手法让柯灵生出遐想，很快和笔下的那些文字联系起来。接过《心经》手稿，分明又闻到一股淡然馨香，忍不住拿起书稿就要端详。

她的新作耐读有趣，当即就答应下来刊发。处于井喷状态的张爱玲出手不凡，紧接着又完成了《心经》《琉璃瓦》等作品。每当厚厚的作品摆在眼前时，柯灵总会安排人员精心策划，力争让这些文章的影响力更加广泛。随着一篇篇大作四处流传，张爱玲在文化圈子里也是风生水起，尤其是这样的热情和速度，总让人觉着不可思议。她并未因此春风得意，依然按着自己节奏为早些成名努力。

平日里不苟言笑，世俗的赞誉还是极大满足着内心。确实，在这个纷乱的城市里，大家都成群结队地拥挤在一起，可张爱玲更习惯单枪匹马活在自己的世界。她每天都全力以赴赶着文字，从不在乎那些曾经帮过自己的人。此时的张爱玲更加自我，作品几乎篇篇受到热捧，美籍华裔学者夏志清教授真言不讳称张爱玲为中国最重要的作家之一。"张爱玲应该是今日中国最优秀最重要的作家。仅以短篇小说而论，堪与英美现代文豪曼殊菲儿、安泡特、韦尔蒂、麦克勒斯之流相比，有些地方，她恐怕还要高明一筹。"

这算不算是一夜成名，上海的杂志社以刊发她的作品为时尚，就连当时有着"汉奸"背景的《杂志》，也随波逐浪推出小说《茉莉香片》。杂志社为好作品而争抢，读者们也为先睹好作品创造着不可思议的抢购风潮。柯灵的《万象》杂志，一度在上海占据最大的发行量，面对这样火爆场面带着诸多的不解。"张爱玲在写作上很快登上灿烂的高峰，同时转眼间红遍上海。"之所以能家喻户晓，《杂志》起了功不可没的作用，让更多的人都来关注她。

张爱玲很快就适应了这样的环境，就像当初穿着破皮鞋行走在校园一样，永远都是我行我素，对任何冷嘲热讽都是无所谓的态度，更看重的是当下。"你的荣光里充满着夸张的崇拜，你的陨落里只有自己的悲哀。"其实，一夜成名又如何，谁能知道当初的那些无奈呢？所以当大家都指责《杂志》的背景时，她才不去操心这些，反正自己的作品不和政治沾边。《杂志》依然格外关注着张爱玲，从来都是全力以赴进行推广。既然有这样的条件和机会，她不会轻易放过，《倾城之恋》《花凋》《红玫瑰与白玫瑰》等作品问世后，几乎都是一抢而光，大有洛阳纸贵的感觉。

张爱玲也没想到会发生这样的奇迹。1944年5月，评论家傅雷发表了《论张爱玲的小说》一文，就当下的张爱玲文学现象指出："在一个低气压时代，水土特别不相宜的地方，谁也不存在什么幻象，期待文艺园地有奇花异卉探出头来。然而天下比较重要一些的故事，往往在你冷不防的时候出现。……张爱玲女士的作品给予作者的第一个印象，便有这种情形，这太突兀了，太像奇迹了……"无论如何，作品质量和受欢迎的程度应该放在首位。"我们的作家一向对技巧抱着鄙夷的态度，'五四'以后，消耗了无数笔墨的是关于主义的论战，仿佛一有准确的意识就能立地成佛似的，区区艺术更不成问题……而张爱玲正是填补了小说创作的空白。"

作品越发抢手，她写得也是从容不迫。

只是张爱玲从未想过，自己很快与《紫罗兰》《万象》等杂志结束了合作，只有《杂志》依然在接近着张爱玲，不时地为她举办作品推介会。她在上海滩的知名度越来越叫响，也不去考虑背后的原因。面对这些耀眼的光环，她依然一味琢磨文学。"以前我一直这样想着：等我书出版了，我要走到每一个报摊上去看看，我要我最喜欢的蓝绿的封面给报摊子上开一扇蓝蓝的小窗户，人们可以在窗口看月亮、看热闹。我要问报贩，装出不相干的样子：'销路还好吧？——太贵了，这么贵，真还有人买吗？'"这想法着实有着意思，像爱慕虚荣的孩子，总是盼望着作品能够受人欢迎。记得先前在校刊发表作品时，内心就像揣着只小兔子，在无人的地方反复诵读，似乎所有喜悦只是为了这些。现在，她的每部作品都不发愁销路，可有时会突然没了好心情，也不知道为什么，眼前总会浮现出纯净的蓝绿色。

这是张爱玲最难忘记的颜色，也是写满她传奇与体验的颜色。

1944 年 8 月，张爱玲第一本小说集《传奇》出版发行，这颜色就成了封面的主色，这样的毫不犹豫让人看后不禁遐想，这样的执着是为了什么？只是没有想到的是，这书上市不到一周就全部脱销，好多读者不停询问何时到货。《传奇》像病毒一样在人与人之间疯狂传播，把这个灰色的病态社会表现得淋漓尽致。除张爱玲外，有人欢喜有人忧，柯灵一直关心着张爱玲，他对当下的局势发展看得很清楚，也私下里劝说张爱玲要学会保护自己，避免与《杂志》走得太近，以免让人误解。"因为环境特殊，清浊难分，很犯不着在万牲园里跳交际舞……那时卖力地为她鼓掌拉场子的，就很有些背景不干净的报社杂志。"张爱玲并没有对这善意买账，反而将其视为羡慕、嫉妒。

偏偏那时节，大家多为这样的文字疯狂。为了能趁早出名，张爱玲的写作成了上海滩文化的风向标。不论是谁，大家都热衷于谈论张爱玲，且不说那些无所事事的权贵，就是才步入社会的学生们，也以收藏她的照片、作品为荣。真说不出这是一个时代的文化繁荣，还是那个时代过于失落、迷茫。

因为文字，发生了许多意想不到的事情，让人想起来就哭笑不得，炎樱在这方面感触最多。"从前有许多疯狂的事现在都不便做了，譬如我们喜欢某一个店里栗子粉蛋糕，一个店的奶油松饼，另一家的咖啡，就不能买了糕和饼带到咖啡店去吃，因为要被认出，我们也不愿人家想着我们是太古怪或是这么小气地逃避捐税，所以最多只能吃着蛋糕，幻想着饼和咖啡然后吃着饼，回忆到蛋糕，做着咖啡的梦；最后一面啜着咖啡，一面冥想着蛋糕与饼。"一件小事，让当红的张爱玲非常犯难。名人难做，但成名后的烦恼还在后面。

有一天，结束应酬的张爱玲回家，走到住所附近时发现有人尾随自己，只想着尽快摆脱，可是不论她如何躲都无法摆脱，若不是遇见一队巡警，一时半会儿定然无法脱身，后来才知道尾随者原是喜欢自己作品的外国读者，这一路疯狂追随只为讨要签名，那些警察知道她是张爱玲后，也是惊喜地问东问西。事情发展到后来，日本宇垣大将来上海也要慕名拜访张爱玲。这些都是生命里不曾出现过的，让素喜安静的她也在心里窃喜、盼望，甚至烦恼不已。慢慢的，她就习惯起鲜花和光环的笼罩，这也与晚年的生活状态形成鲜明对比。现在想想，截然不同的对比，分明就是对年少轻狂的回味与自省！

梦想来得容易，梦想也让张爱玲各方面都在发生着变化，最明显的就是让人大吃一惊的服装。要说别具一格似乎也不为过，可随心所欲更切合实际，这些奇装异服完全是渲染她的情绪，让人想不懂她脑袋里想的是什么。报刊上为此还登载过《铅笔与口红》的漫画，画中的张爱玲古装短袄，旁边配有一行手书：奇装炫人张爱玲。寥寥几笔，将她随心所欲的状态表现了出来，让人只觉着这些完全是村姑形象。对旁人指指点点的说辞，她从来就不在乎，对姑姑的善意批评也是置若罔闻。

服装安慰着张爱玲的内心，也展现着她的风华绝代。如果让时光回到以前，中学时代"永远不能忘记一件黯红的薄棉袍，碎牛肉的颜色，穿不完地穿着，就像浑身都长了冻疮。冬天已经过去了，还留着冻疮的疤——是那样的憎恶与羞耻"。现今看来，她的梦想就是"要穿着最别致的衣服周游世界"，为了能从这噩梦中走出来，为了实现自己出名后的形象包装，张爱玲用不落俗套来告别过去，用文学上的成功来忘记一切。

只有学会理解，才能明白张爱玲的内心。其实，她的敢做敢穿是对一夜成名的质问和奚落，即便身后常常追着一群看热闹的人，也是初心不改，执意要用自己的胆量来震惊一座城市。上海的文学圈子里，要说张爱玲又开创了一道风景，那就是大家都在谈论她的文字时，更热衷于关心她的服装。而在香港大学时的穿衣风格，很快就成了耸人听闻的特立独行。

"你最好能够找到你祖母的衣裳！"

"要那些古董干吗？"

"穿啊，多时尚的！"

"那些黯然无色的衣裳简直就是寿衣！"

"没关系，多别致的。"

就是这样一个无法琢磨的人，一个从来都喜欢奇炫的人，不仅用文字的大放异彩孤高着自己，也用别致特色的着装来装扮着自己，不断引领着当时的潮流。

无论如何，整个上海滩都在阅读着张爱玲，谈论着张爱玲，无端地想象着张爱玲。所有发生的一切永远都是那么不可思议，这或许就是人们说的传奇吧？

第三章　爱情最初

感于知己

喜欢看云，可是这世间竟没有一朵云是相同的。

云就像是飘忽不定的心情，常常会幻化出千奇百怪的图案，在千变万化中让人观望、猜测、臆想，也让人时时过目不忘。于张爱玲而言，这就是文学创作。

创作已经成了张爱玲的最好证明，她已经什么也不用说，就可以征服别人了，从高度到高峰爬升的这个过程中，与她素不相识的胡兰成也是要风得风、要水顺水，在各自的圈子里登峰造极，真可谓是：你只属于你的千娇百媚，我享受我的荣华富贵，真正注定了要相遇时，这种情感的轰轰烈烈便注定会成为永恒。

大漠荒草生息不绝，反教春花盛放凋零。日本发动了大规模的侵华战争后，武汉失守、广州失守、上海失守，每天都有着这样的消息，简直让人不忍再听下去，原本都觉着距离自己非常遥远的事情，现在就出现在眼前，不仅家破人亡，更残酷的是大片大片的土地在铁蹄的践踏下被占领了，从此让故乡成了异乡。国民政府在各界爱国人士的呼声下，只能硬着头皮征战，为尽快解决兵力运用上的不足，"为使中国现中央政府倒台和蒋介石失势，进一步强化现在实行之计划"，很快与汪精卫签订了《日华协议记录》，即承认"满洲国"，日方于恢复和平后两年内撤兵（内蒙古等地除外），而日本享有开发中国资源的优先权等。

只为满足个人急剧膨胀的权力欲望，甘愿成为日本人的傀儡。对一个毫无政治气节的人来说，这只是政治投机；对历史来说，毁掉的不仅是他的政治生涯，还激起了全国人民的无比愤怒。当年那个抱定"慷慨赴燕京，不负少年头"的英雄刺客，转而成了猥琐不堪的汉奸，只有历史才会如此造化人。

1938 年 12 月 18 日，曾仲鸣、周佛海等人先后逃离重庆到达越南河内，发表响应日本对华声明的投降"艳电"。电文在香港的《南华日报》发表后，便成为向日本公开求和的声明，一时间国内人心纷乱，不知道国家何去何从。很快，汪伪政府在南京成立，公然与重庆国民政府对立。为掩人耳朵目和开脱舆论讨伐，汪伪政府又笼络人才，混迹官场的胡兰成因此受惠，被委任伪宣传部政务次长、执行委员，兼任《中华日报》总主笔。从无人知晓到一朝得道，这位贫民家庭出身的小教员，深深体会到一夜成名的感觉。某种程度而言，他觉着这些地位要归功于才学，同时也感激人生途中遇到"圣君明主"。基于乱世里为人赏识的知遇之恩，胡兰成在人生理想的蓝图下，全副身心依附于"新朝"。一介书生，本该济天下苍生，可他从政后逐渐疏远梦想，放弃了文化人的德能，成天疲于应付着各种公务杂事。

阳光从树叶间悄然洒落下来，闪烁的光斑便安静了下来，在风中相互交织在一起，时而勾连成各色的图案。很快就到了十月，胡兰成处理完案头事务工作，顺手拿起《天地》杂志在躺椅上消遣放松。世间的繁华与落幕，很快在书中成了安宁，或许越是远离喧嚣，就越会对这些优美文字有种亲近感，不由为其中的文章暗自叫好，虽说不太熟悉主编苏青为何人，但他还是说服自己关注起来。

苏青生于浙江宁波一户书香家庭，家人起名冯和仪，寓意为"鸾凤和鸣，有凤来仪"。可人生中从来都充满着太多不可思议，命运给予了她出色的文采，小说《结婚十年》连继印刷 36 版，创造了盛况空前的记录，"我需要一个青年的、漂亮的、多情的男人，夜里偎着我并头睡在床上，不必多谈，彼此都能心心相印，灵魂与灵魂，肉体与肉体，永远融合，拥抱在一起"的理想，也带给了她不幸的婚姻，最终因为自己生不出儿子，以及丈夫出轨，被一巴掌彻底摧毁了已经营十年，根基却并不深厚的婚姻。

在 20 世纪三四十年代的上海，出走海外和离婚几乎成了时尚的生活，成了年轻人骨子里的独立自主和表达。为应付婚后的艰辛生活，"宁波皇后"苏青带女儿开始写作，没想到很快被誉为上海滩"四大才女"。苏青长相甜美，如月凤眉含情脉脉，眼里充盈着一汪清澈湖水，始终透着灵秀的光芒。20 岁那年，她以优异成绩考上南京大学，虽说在众多人中不显山不露水，可高贵的神情和气质，在甜甜的酒窝中流淌着不凡的灵韵。

知世故而不世故，无论散文还是小说，苏青更多基于柴米油盐、家长里短、儿女情长。日常的写作让她备受读者欢迎，为解决生计，哪里还会顾及淑女形象，而是扛书在大街上一本本推销，还和小摊贩们讨价还价。这些大胆的举动也让她对社会有了重新认识，很快受周佛海老婆杨淑慧推荐，出任了伪上海市市长专员，其实"就是以专员名义，替我

（市长）办办私人稿件，或者替我整理文件"。本来就是闲不住的人，她很快创办了《天地》杂志推动女子写作，集社长、主编、发行人于一身，还让《天地》成了中国历史上第一个真正由女性主导的杂志。乱世中，苏青为稿源四处奔走，不料还约到了张爱玲的稿件。张爱玲不但应允，还对苏青作出了很高评价，"喜欢苏青身上平实的、让人安心的烟火气息"。

《天地》杂志面世后，创刊号卷首语由苏青执笔，老辣不失劲道的文字，让人丝毫觉不着这些文字出自女人之手。此前，苏青心怀忐忑向胡兰成约稿，却没料想到首期杂志就得到了垂青。胡兰成反正也是无事可做，又把杂志翻了两遍，不由称赞她是"女娘笔下这样落落大方，倒是为难她"。

以前只是忙于生存，从未发现人生有着当下这般美好，现在一茶一书的日子，虽然少了前进的勇气，但不紧不慢的时光其实也蛮有趣，可以视为宿命的背负，也可以视为对往事的记忆。想以前，在汪伪政府未成立前，要谋划筹备、要制定政策、要执笔呐喊，凡与舆论宣传、造势攻心相关的事务，笔杆子胡兰成都要参与过问，好多时候连自己都觉得这圈子里不可或缺。也算是付出有所回报吧？现在来看，逝去的美好年华远不如眼下来得自在。他晚年的回忆录中，还特别附了张《中华日报》成立社论委员会的名单，总主笔是自己，其他人分别为周佛海、陶希圣、林柏生、梅思平、李圣玉等，意思不言而明，一人之下万人之上的风光无限，自是旧式文人的最大抱负。

说到与《中华日报》的关系，还要感谢老朋友古泳今推荐。他一直就佩服胡兰成的生花妙笔，本是为应付工作才去信约稿。不料胡兰成却满口答应，急就了两篇溢美说辞的文稿救场。文章刊出后，很快被日本《大陆新报》予以转载，连当时研究经济学的权威杂志——《拔萃》月刊也全文转发。仿佛胡兰成的人生中注定有这样的转机，《中华日报》社长林柏生就这样发现了他。

因懂得而惺惺相惜，让生命顿时变得丰富多彩。胡兰成来到《中华日报》社后，很快被委任主笔。胡兰成曾主持过一段时间《柳州日报》，由于格局、受众等影响，根本无法展现出个人才华，现在总算可以一展身手，只是还未回馈社长的一片冰心厚爱，战争就在枪声中爆发了。生命都没保障，报纸在朝不保夕中停办，没了养家糊口的平台，胡兰成只能追随林柏生去了香港。

因为战争，每个人的命运都在发生着变化。到香港以后，恰逢投降"艳电"公开发表，林社长趁机写下与之相呼应的文章——《汪先生之重要建议》。两人这样一唱一和，不断扩大着河内"艳电"的战果和影响，越发让时局变得动荡不安。为阻止他继续与国民政府唱对台戏，戴笠派人要做掉风头正健的林柏生，多亏路过巡警大声喝止，血流满面的林柏生才算逃得一劫。

胡兰成却很好地利用这绝佳机会，短短一月内连续写了十多篇拥护"艳电"的文章，将命运与这个动荡时局联系在一起。此时还无人知道胡兰成，可发表在《南华日报》上的系列社评，却让汪伪政府感到了文字的过瘾解渴。正当仁人志士们对文章口诛笔伐之际，汪精卫却委派秘书前往香港，当面呈上一封亲笔书信，让向往投机的胡兰成看后心怀激动。

胡兰成何曾享受过这种待遇呢？陈秘书前脚刚走，汪的老婆陈璧君又亲赴香港面见，一番推心置腹，都是冲着那些拥护求和的文字。陈璧君见过大世面，丝毫不吝啬对他的赏识，毫不犹豫把工资从每月六十元涨到了三百六十元，还额外增加了两千元的机密费用。能在乱世苟活不易，现在有人如此厚爱和赞誉，让一向自负的胡兰成满腹感激。

胡兰成的过人之处在于喜欢读书，上期的《天地》杂志读完后，新刊也是不负众望，主打文章是张爱玲的《封锁》。梦一般的文字和情节，最终是告诉大家要学会面对各种因果，不必把人世间的事情想得太清楚，这些文字就像散发着香息的浓茶，一下就触到了内心的柔软处，不由得让他如饮甘醇，读后似乎还觉着不过瘾，又推荐给身边的其他朋友看。最有意思的是，他这个主管舆论宣传的负责人，在职权范围内下意识地搜集了很多张爱玲的文章，看样子，他是准备好好琢磨这个人了。

1939 年 6 月，胡兰成从香港回到上海，不待轮船靠岸，汪精卫的秘书陈春圃早已在码头恭候。两人有过一面之缘，如今他又是汪伪政府请来的贵宾，安排规格上自是不同于众。人生得意须尽欢，那夜里，两人推杯换盏称兄道弟，免不了大醉一场。

天亮后，胡兰成在诚惶诚恐中见到了那个想见的人。对他来说，这也算是人生难得的记忆，只是他还未曾理清思绪，谈话却已经结束了。细细回味，初次交谈还算顺畅，在告别之际，胡兰成又获两千港币安家费。种种利益驱使下，相见恨晚的感觉越发强烈，似乎只有尽心尽力才能够报答知恩之遇。经过陈夫人的建议，胡兰成摇身一变，成了汪伪政府主席的侍从秘书。

《中华日报》重新复刊后，胡兰成顺理成章出任报社总主笔。这一年，高产的胡兰成出乎意料写下 105 篇文章，当他把这些凝聚心血的文字结集为《战难和亦不易》一书出版时，汪伪政府主席执笔为他作序，对他呕心沥血的作为赞赏有加。

此时，张爱玲正从上海乘船去香港求学途中，内心无比轻松，她铁了心要离开这座喧闹的城市。一个刚刚离开，一个才启程，从眼下的发展来看，他们相遇的概率几乎为零。只是在乱世中，什么样的事情都会发生，谁也说不明白为何文字会让素不相识的人走到一起。

胡兰成生于浙江嵊县，年幼时丧父，自小随母亲生活在乡下，家境贫寒，读书却极为用功，方圆十几里都知道这孩子将来会大有出息，结果中学时果然不负众望，考取了杭州邮务局的邮务生，工作待遇也算不错，却因不服局长管理被开除。后来陆续又干过文书、教员，反正总是不安于现状，频繁身处各种工作变换的忙乱中。唯一爱好就是关心政治时局，常在酒后自叹命运不济，空有一腹雄才无人能识。

人生可以失望，但不能盲目。胡兰成30岁那年发生了一件事，他意外接到国民革命军第七军军长廖磊的信函，邀其前往柳州创办《柳州日报》。素与军人无瓜葛的胡兰成深思熟虑后，非常痛快地答应了邀请，很快针对当下局势，肆意鼓吹"抗战要与民间起兵开创新朝的气运结合，不可被利用为地方军人对中央相争相妥协的手段"，煽动两广与中央政府分庭而治。这番言论一出，立即引起各方的极大关注，后经中央出面协调各方关系得以平息，而胡兰成也因肆意煽动动乱罪名被羁押受审。30多天后，战区最高长官白崇禧才借口公务繁忙来看望他，奉上五百大洋"礼送"出境。遭受羞辱的胡兰成回到家乡，父母都已过世，小女儿又意外夭折，内心凄凉可见一斑。

政治本不是他该参与的东西，可内心并不安于现状的胡兰成，始终没有认清政治的本来面目，不愿以"心安茅屋稳，性定菜根香"的平淡，来安安稳稳地度过他人生的历程。

一段时间之后，耐不住寂寞的胡兰成，又开始盼望着能够复出。

与胡兰成相比，张爱玲天性聪慧、读书用功，常常置身书海不能自拔，始终笃信着"出名要趁早"的信条，只愿在文字中找寻出路。一个荒乱的时代，能为兴趣和生计单纯地活着，着实不易。

不论如何，这位有心计的男人既然已关注张爱玲这么久，现在只差知道她的地址了。

而这个苏青，便是打开他心结的钥匙。

尽其在我

毫无疑问，这人世间的事情总是有着太多未知，而这样的未知中又饱含着不经意，就像是天上飘荡的云朵，优雅中有着绵远，孤独中有着随意，内涵中有着原始的自然。

当然，这其中也可能有着无法言说的缘分，擦肩而过、萍水相逢，抑或一见钟情。

就如同眼下这个乱世，还需要多想些什么呢？即便就是崔莺莺和张生，那爱得死去活来的唯美又能如何呢？张爱玲要的并非是唯美，而是内心中的不同，这也是她自认为的真实人生。人生活得真实些有何不好？年华似水流淌，注定要成为不凡的景致，注定要活得更加精彩。

自从加入汪伪政府阵营后，胡兰成受到空前尊重，这是他没有想到的，也是他始终在期盼着的，就连梦中也在想着这样的场景。某种意义上来说，尊重代表的是一种地位，让人看后就有臣服的感觉。所以说，他在这样的环境中变化很快，快得让自己也有些不可思议，不仅能全面考虑国际局势的发展，而且还能在久违的感情中去怀想先前走过的弯路。看来，有梦的人是幸福的，有激情，还有着太多的感慨。不管怎么说，他的内心是踏实的，也在某些问题上敢于表达自己的意见。

有见解自然好，可是如何表达才能让人接受？胡兰成似乎没有想过这些，他只想着如何提升自己的地位，让手中的权力再大些，当然前提是替汪主席的前途着想，这问题他是明白的，可还是因为政见不同遭遇排挤，尤其是在不赞成对英美等国公开宣战的问题上，他被迫离开了曾如此眷恋的官场。

从古旧的老街走出来，踏上参差不齐的青石板，所有的千姿百态便扑面而来，张爱玲有时候也喜欢听这样的声音，这是她小时候就有的梦想，现在更能付诸实施了。白花花的云悬在起伏的黄浦江面上。水起伏不定，云便在曼妙中生出万千梦幻。云时而在水面，时而在楼顶，时而在树梢，夹杂着历史的风尘，不急不缓地朝着远处而去，从浓或淡的景致中流淌出岁月静好，那姿势像极了袅袅的炊烟，在丛生的喧哗中徜徉，任激越的声响陶醉在这世外的童话世界。

从外边看，这是个不起眼的院落，顺着石婆婆巷往里走进去，很快就被一丛丛的绿树挡住，那雪白的墙壁上没有太多的装饰，唯一起眼的就是门牌了，上面标注着：南京石婆婆巷道二十号。

外面自然漫远，院内却熠熠生辉，不乏水墨神奇。离开官场的胡兰成难得如此轻松，他抿着茶，然后靠在躺椅上享受着阳光，阳光斜斜地照着，恍若是风中的山歌，让人时时会有种感觉，这是传说中的世外桃源吗？如果说，一朵云就是一个世界，胡兰成无疑是幸福的，周围是闪烁着灵性的动植物、涓涓流淌着水的假山，一切都让人心生迷恋。有阳光的日子真好，无人打扰的清醒着实难得，躺久了便顺手翻起身旁的杂志。在政府任职时，胡兰成对苏青的《天地》杂志印象不错，能以这样不落俗套的面目出现在战乱时期，足见下足了功夫。他一页页无聊地翻阅着，那篇《封锁》的小说便突兀地映入眼帘，仿佛就是写给自己的文字。此刻，自己不就是被政治封锁住了吗？由于不得志导致心中的愿望无法实现。"封锁了。摇铃了。'丁零零，丁零零'……电车停了，街上的人陷入一片慌乱，东奔西跑。商店的大铁门沙啦啦拉上了。电车里的人却相当镇静，他们在静静等待，等待着结束封锁。寂静的阳光底下，城市像一个打盹的巨人，巨大的重量一下子压到了人们的心上。他们想呼喊，想活动，想找点有意思的事情来填补这折磨人的虚空。于是，一个男子，一个女子，抛弃了俗世里的一切背景与衬托，在太初的单纯里相遇。家庭状况，工作职业，教育程度甚至衣着外貌，都成了无关紧要的东西。彼此的眼里，只有一个男人，一个女人，身上都有着他们平日里难得发现的迷人气息，一场爱恋，在拥挤的电车里开始……"

小说《封锁》文字朴素，真实还原了战争期间上海小市民的生存现状，尤其她对于社会世相的观察，以及对情爱欲望的丰富描写，一字一句都仿佛嵌进了胡兰成心里。他觉着自己就像电车里肆意缠绵的男主人公，彷徨、纠结而又无比困惑，在一连串麻木而习惯的铃声中，遽然投入到仓促的情感中。更让人称奇的是，随着封锁解禁，男子立即起身挤入了茫茫人海中，片刻不见了身影，甚至连一句话也没有留下。"封锁期间的一切，等于没有发生。整个的上海打了个盹，做了个不近情理的梦。"

故事貌似简单，实际上却蕴含太多道理，很快就触景生情起来，像一束不知从何处射来的光，不经意地射进胡兰成心里，莫名激动中他反复问自己，这张爱玲到底是何人？怎么会把这病态的社会看得如此入木三分，以至特别急切地想结识她，便写信给苏青询问相关情况。

苏青自然懂胡兰成，只是以寥寥数字敷衍回复，大意是说张爱玲这人个性，不愿意委屈自己去接触陌生人，这信让胡兰成有些摸不着头脑，心中却似千百只手不停地挠，无聊地读了三五遍后，似乎执意要从中读出不同味道。夜深人静，脑海中想着的还是《封锁》里的种种情节。

关注不失为接近一个人思想的最好办法。之后出版的《天地》杂志中，每一期都会刊有张爱玲的大作，有篇《公寓生活记趣》还特意配了大幅照片。细细端详许久，一袭披肩长发下的忧郁，明眸皓齿下的纯洁，让人眼前即时幻化出照片背后的丰富与饱满，就像心灵鸡汤，不断地淡化着他官场上的不快，并逐渐学会放下，懂得从容。以后的时日中，胡兰成脑海里总会浮现张爱玲的形象，似乎这么漂亮的人才能写出如此美文。

喜欢这些文字，还不等他打听到张爱玲的地址，汪伪政府就开始了搜捕行动，胡兰成被投送进监狱，他却没有怨天尤人，而是很快完成《论张爱玲》的文章。从未谋面，但文字上的相识却甚为倾心，每每写到开心处，想结识的心情就愈加迫切。

经过协调，胡兰成在被羁押两个月后获准出狱，自私自恋的他没有回南京看望妻儿，反而带着按捺不住的喜悦找到苏青。意外临幸，让迷乱的苏青异常兴奋，在风流倜傥的胡兰成眼里，苏青"鼻子是鼻子，嘴是嘴，无可批评的鹅蛋脸，俊眼修眉，有一种男孩子的俊俏——在没有罩子的台灯的生冷的光里，侧面暗着一半，她的美得到一种新的圆熟与完成"。在享受了身体的欢愉后，她才发现怀里这男人想见的还是张爱玲。"及我去上海，一下火车即去寻苏青。苏青很高兴，从她的办公室陪我上街吃蛋炒饭，随后到她的寓所。我问起张爱玲，她说张爱玲不见人的。问她要张爱玲的地址，她亦迟疑了一会儿才写给我：静安寺赫德路口192号公寓6楼65室。"

阅人无数的胡兰成，知道这地址来之不易，便紧紧攥在手中生怕丢失，虽然和苏青聊着天，心里却早想着妙笔生花的她了。苏青自是懂得胡兰成"惜才"的借口，心里酸溜溜的。"这是一个十足像男人的男人，他的脾气刚强，说话率真，态度诚恳，知识丰富，又有艺术趣味。"这样的文字描述是苏青内心情感的全部表白。女人有这样的爱慕心，剩下的就是你情我愿的委身了。胡兰成心思全然不在苏青身上，可贼不走空，无非就是那些从不吝啬的赞赏而已，这种不动声色很快撩动了苏青，让她时而紧张，时而羞涩。"他虽然长得不好看，又不肯修饰，然而却有一种令人崇拜的风度！他是一位好宣传家，当时我被他说得死心塌地地佩服他了。"要投入另一个人的怀抱，总归是要有原因的，随着眉来眼去，彼此就缠绵在床上享受人生了。

天山积雪，化作尘世雨点，丹火炉烟，原是人间炊烟。苏青也知道无法留住他，他的心根本就不属于自己，只能在身体的接触中一次又一次满足着，至少那一刻还是开心的、陶醉的。第二天上午，胡兰成径直前往拜访张爱玲。

　　这情深几许，又知几何？一份婉约染就一袭青衣长袍，于不经意间为那个素影翩跹，让人为之怦然心动的女子。在深深浅浅的梦澜深处，在一地的旧时光中，苍白邂逅不仅是等待，还有着流年斑斓。

　　一地暗香流淌着已成定局的宿命。他恭敬地站在门前，脸上看不出丝毫局促，反而有着文人的斯文面相。听到急促的门铃声响后，张茂渊心怀喜悦地开了门，看到这须发整洁的男人时，立即变成一脸严肃，很快隔着狭窄的门缝扫视，不及来人开口说话，便将那扇才开启的门硬生生地合上。胡兰成不失时机地伸出手来，另一只手很快去掏名片。不凑巧的是偏偏什么也没有带，只有焦灼中的一抹哀怨、一袭微凉。无奈中只能央求妇人递出纸笔，仓促写下了自己的名字和电话。

　　短暂的时间里，也容不得他去多想，但还是在仓促中极力整理着情绪，让笔下的那行字写得更有气魄和力度，毕竟这纸条如同一把钥匙，决定着他们能否见面。

　　时光匆匆，一切都是那么激动人心，虽然没遇见张爱玲，可他没有丝毫遗憾，随着门重重地关上，他的心绪却突然被打开了，更加好奇起梦后面的那个人来。风徐徐吹过，刚才羞赧的脸上才算恢复如常，他又在门前站立了片刻之后，这才不情愿地离去。

　　张茂渊何许人也，她见识过太多的人情世故，既然未曾谋面，又怎么会欢迎陌生人的造访呢？受过太多的伤害，她实在太明白人生的热情未必会有热情的回报，只有这样的不冷不热，才能更好地保护自己。

　　所以即便你是天王老子又与我何干呢？胡兰成也是如此。只是晚风不识愁，无语寄风流。面对着紧闭的大门，胡兰成想起了苏青的好心劝告，看来素以孤傲示人的张爱玲真的不愿见人，更何况又是他这样的陌生人。尴尬并未让胡兰成失望，这些年遭遇的挫折实在太多，这闭门羹算得了什么？"我要你知道，在这个世界上总有一个人是等着你的，不管在什么时候，不管在什么地方。反正你知道，总有这么个人。"

张爱玲并不认识胡兰成，但为解救身陷囹圄的他，曾陪着苏青求助周佛海出手相救。作为都市独立女性的代言人，能为一个人如此奔波，不免令人产生太多想象，所以特别欣赏苏青说做就做的性格，"尤其她像一束独立熊熊燃烧的火焰，在无比热闹的爆炸声中，时常能让张爱玲从中能看出以后的生活状态。或许是基于这样的想法，她才愿意答应了前往"。无论如何，两个女人的举动还是感动着牢狱中的胡兰成。

没有希望，就没有失望。已经习惯了太多的失望，却无法面对寂寞。胡兰成并未轻言放弃，这做法让世俗的苏青颇感意外，自诩生命中遇见过各种各样的人，平实而又热闹的文字中，更是透着对男女情感的深谙。某种意义上，她认为男人们只在乎如花隔云端的神秘，激情终会在时光流逝中被淡忘，只是没想到这男人如此执着。窗外无比繁华，这个拥有着圆熟和丰腴的女子，第一次尝到了热闹之外的幽沉，这种感觉总是让人惧怕。

《论张爱玲》很快在《天地》月刊上发表，文章给予张爱玲很高评价："确实鲁迅之后有她。她是个伟大的寻求者。和鲁迅不同的地方是，鲁迅经过几十年来的几次革命和反动，他的寻求是战场上受伤的卫士的凄厉的呼唤，张爱玲则是一株新生的苗，寻求着阳光与空气，看来似乎是稚弱的，但因为没受过摧残，所以没有一点病态，在长长的严冬之后，春天的消息在萌动，这样的苗带给了人间以健康与明朗的、不可摧毁的生命力。"看来胡兰成的学术功底还是很扎实，怀里抱着美人，还在盘算着另一位美人。

与恃才傲物的张爱玲不同，苏青因为婚姻不幸，在世俗中就活得非常实在，从而能够看清这份火热。苏青的火热被胡兰成视为烈火，从而将她柔软十足的内心搅扰得翻云覆雨。现在，胡兰成又要情倾好友，苏青自然将各种怨恨都归于张爱玲。在《小团圆》一书中，张爱玲心甘情愿袒护着胡兰成，也不小心流露出对苏青的忌恨。当然，这都是后话，当前他们最要紧的是如何见面。

漫长的夜晚不知如何度过，无聊至极的胡兰成突然接到了一个陌生电话，很快猜出了那柔弱而坚定的声音。放下电话那刻，他脸上已漾出了欣喜的光彩，因为打电话的人正是不食人间烟火的张爱玲。

陌生的声音很快融化了他的所有不快，在内心里生出世俗的幸福。一根细细的电话线，更是将这位民国的临水照花人，从尘埃的芳魂中款然地约出来，用复杂而凌乱的感情纠葛连接。

人世间不外乎两个悲剧，一是想得到的得不到，二是不想得到却得到了。看来确实如此，就和这世上本就没有无缘无故的爱，亦没有无缘无故的恨一样，只是这一切全都因缘而起。

执念成伤

人生所谓的幸福，一半在于积极争取，一半便是随心所欲。

如果你相信命运，一切的偶然都是注定；如果不相信命运，一切的注定都是偶然。张爱玲从姑姑手中接过纸条，并没有和先前那样顺手扔进纸筐，偏偏又正儿八经瞧了几眼，纸条上赫然写着胡兰成的名字。

人生不就是这样吗？或许真是寂寞成海，平静如水的心底忽然无端起了波澜，本是很正常的一次拒绝，现在却要在自我迷失中，思虑如何去补救过失，甚至萌生出不该有的期待。那夜，张爱玲在床榻上思来想去，还是觉着应该回访，才不失为补救的便捷办法。

想到这里，她就有些埋怨姑姑了，为何要擅做主张拒绝呢？以至于错过了人生最美好的相逢。这个时候，她并没有去想缘分，只是一味地考虑着见面。在上海滩，胡兰成的名字家喻户晓，在家宅居的张爱玲也清楚，现在冷不丁提出回访，无非是从他身上看到了某种希望。灼灼桃花十里，取一朵放在心上；任凭弱水三千，只取这一瓢饮。既然不愿拒绝，就在这美好中撩动心弦，奉上最热烈的爱恋。于是，张爱玲先前的冷漠全然消失。

天生的完美主义者张爱玲，在对待这个乱世里的风尘男人时，开始变得与先前大为不同，她也说不清出于何意。第二日，很快就拨通了胡兰成的电话。这不期而至的电话，打乱了他的所有计划，让人摸不着任何头脑。

如约而至那天，张爱玲身着时尚靓丽的短旗袍，外搭一件咖色的呢子长大衣，既能挡风，又能将青涩和成熟完美融合，尤其从那细碎而精致的步履中，还可以看到洁白如瓷的脚踝，白晃晃地着实闪眼。这样的感觉就似一卷一卷的云，影子一样追随着，让人时时想起。这是每个人对现世安稳的期盼，也是充满希望的岁月静好。

上帝曾说：要有光，便有了光。这个被光环笼罩着的青涩女子，以其无比火热的激情，轻缓而又不失礼节地敲开了胡宅大门。门刚打开的瞬间，那从骨子里渗出的气质，已经带着生命中的温润气度拂面而来，让人不能直视却又无法拒绝。

胡兰成一直在等待着门铃响起，恍若梦想的奇妙中有假想、有烦恼、有注定。短短的时间内，他就对这个惊世骇俗的女子生出太多想象，渐渐才算明白，所有的抑郁不仅仅为这个心动的名字，而是内心中无法说出口的想念与煎熬。

千年轮回，只为等待一个人；三生缘分，换得你一世笑靥。孤傲的张爱玲能主动来见胡兰成，主要是感激那篇《论张爱玲》的文稿，新颖别致的观点让张爱玲眼前一亮，她本来就是个不按规矩出牌的人，因文字而起的好感，让她无意中记住了这个男人。在最美好的年华里，一个心灵与另一个心灵的邂逅，似乎只有一朵花开的时间，但那温柔的流转中，虚幻的愿望也似乎要变成久别的重逢。

与君初相识，犹如故人归。初次见面就饶有兴趣地谈了五六个小时，一切都是那么自然，让这样的遇见中有着芸芸众生中的清音流年。这对很少与人交往的张爱玲来说本就是奇迹，连时常在红粉堆中穿梭的胡兰成也感到不可思议。眼前这瘦弱清爽的人，似乎有着一肚子讲不完的渊博，甚至比自己还有着更多的沉稳。"她的神情，是小女孩放学回家，路上一人独行，肚子里在想什么心事，遇到同学叫她，她亦不理，她脸上的那种正经样子……她但凡做什么，都好像在承担着一件大事。"涉世浅，点染亦浅，张爱玲渴望激情的单纯中，有着不可一世的优越，又不乏单纯聪明的幼稚，这些在见多识广的胡兰成看来，更像发现了长在繁华都市中的奇花异草，越发欢喜地不愿放手，尤其那副故作正经的小模样，更是不断催促着胡兰成表达爱意的欲望。

因为文字相识，文学话题自然不能错过，论及中国文艺现状时，胡兰成客观地对张爱玲的文章进行点评，其间多有溢美，不经意地触动着她的内心。茶香带着氤氲，让一切都很低调、闲适和安然，听着他任职时的奇闻八卦、挣扎在家庭与情感间的迷茫、现实中演绎的激烈情感，张爱玲不时地报以微笑，偶尔也会提出幼稚的问题，终究还是保持着听众的形象，在不动声色中展现着女人的温柔。到底是什么力量在紧密地缠绕着这对生命？他们又该如何用温情，来感化这段生命中的偶然交会呢？

"你的《封锁》是非常洗练的作品，简直是一篇诗。我喜欢这作品的精致如同一串项链，但也为它的太精致而顾虑，以为，倘若写得巨幅的作品，像时代的纪念碑式的工程那样，或者还需要加上笨重的钢骨与粗糙的水泥。"痛苦与欢乐，现实与梦想，在各种矛盾的相互交织中，体会最深的还是人间的冷暖。轻微的煽情拂过，让天马行空的独有调侃，充满太多的人情味道，听后如同在享受岁月的质朴和优雅。既然是这样，何不索性说个痛痛快快。不愧为名门出身，自幼接受良好教育，长时间端坐静听对张爱玲来说根本不是什么问题。一段话、一杯茶，带着灵魂的沉稳，让悸动的心在言语的冷峻与温柔中渐然平静下来。

一念成魔，这何止是滴水不漏的言语，完全就是充满着灵性的情感皈依，情窦初开的小女子又如何能抗拒？

倘若岁月是一条河，左岸是遇见，右岸是记忆，流淌其中的便是似水年华。张爱玲在这样的氛围中应该要陶醉了，面对这样的赞美不要说当红作家，即便是上帝听后也会动容。

在文字的快感中，是各种温情与残酷、美丽与苦难的交融，让张爱玲在高傲中全然享受着。当然，她也会在心底揣测着这男人，会为了解自己而不惜花费时间，不但反复阅读自己的作品，好几次还去了南京张家旧宅。穿行在这些雕梁画栋中间，所有的繁缛与精巧留下的都是不同的身世背景；徜徉在假山流水的激越声中，所有超脱人间的唯美景致都成了黄绿相接的满地铺陈，成了交织延展下的想象和神秘。面对这些，胡兰成发了疯地想要走进她的世界，现在总算有了机会。

谁不愿意听奉承话，就算让人无法成熟，也不至于让人坠落下去，张爱玲可不想失去这难得的机会，要让自己开出花一样的灿然来。

开心的交谈中，很快就没有了犹豫、猜测和躲闪，更多的是潜藏在心里的甜蜜。桃花带露泛，立有月明里。细细品味，这样的谈天说地却是大为不同，有千万种的滋味在心间激荡。这文雅的撩拨不说谁人都能拒绝，其实谁也不甘去拒绝，就如先前她执意要见这个人一样，冲动的不仅是心，波动的还有安静生活中的心情。

时而静谧如水，时而万丈狂澜，张爱玲的笔下始终营造着神秘与风情。而胡兰成就为此精心准备着，想了许多种与她见面的方法，也把自己的角色进行了设计，虽说风流不在谈锋健，但他风趣幽默起来着实令人折服。彼此见面后，随意而有趣的谈吐，立即一任情绪变幻，又悄无声息地注入到冰冷的情感中。习惯了玩弄的情场，各种言辞的运用可谓是行云流水，在全方位调动着她的欲望。熟悉胡兰成的人何尝不知，他通常有三件法宝对付女人：一是以伤心过往博得同情，二是用各种情史彰显不凡，三是以骗取女人钱财为亲密接触。这些手法屡试不爽，对一贯循规蹈矩的张爱玲来说，她注定要陷入其中。

茶在不断地续着，可谁都避免说道别，像是缭绕的情感一样朦胧，眼前的清茶也没有了初时的苦涩，慢慢就成了恬淡的诗意。从文艺到生活，从创作到稿酬，两人信马由缰地畅谈着，每个话题都是那么驾轻就熟。茶叶好似翩然起舞的精灵，在色香氛围中怡养心神，在回味无穷中品尝人性。迫不得已要送张爱玲回家时，昏黄的夜色都是如此迷人，一扇扇窗户中闪烁出来的星星点点，很快就映出了温暖与感动。香风细细，张爱玲只觉心跳速度在不断加快，似乎要在幽幽的路灯下迷失自己。

路不长，路上的行人也不多，弄堂里行走的感觉却是无法忘记，倍增着走下去的勇气和希望。张扬而孤冷的灵魂，能够在生命中遇见一直期待的那个人是幸运的。胡兰成以自己的世故融化着她的柔软，仿佛春日里渐融的冰雪，一点一滴印在内心深处。

情亦如此，相逢又何必曾相识呢？综观人世种种际遇，无非是初始不相识，以后不相认。不论怎么说，胡兰成这壶老酒不喝，自然无法知道人生况味，喝多了又会倍感寂寞。好多时候，这种生命里的萍水相逢，更多只是像流云一样慢慢飘散而去，即便是短暂停留仍能迷醉了她亟需滋润的心。"我的惊艳是还在懂得她之前，所以她喜欢，因为我这真是无条件。而她的喜欢，亦是还在晓得她自己的情感之前。这样奇怪，不晓得不懂亦可以是知音。"谁也没说护佑一生，也没说要终此一生，可这样的相遇相知谁又不懂？本想以调情的方式来俘获这个当红的作家，却不小心让自己成了被俘的对象。

寂静的夜色中，两个人并肩前行。

"你的身材这么高，这怎么可以？"

都说云缠绵，水缱绻，这看惯风月的情场老手，话中分明隐藏着相思的暧昧和调情。但张爱玲对这唐突言语并不以为意，只是在朦胧和惘然中，感受着猜不透看不透的炽热，并非她不懂其中的意味，只是疑惑眼前这男人真的如此随便？竟能打开她关闭着的爱恋之门，让过眼云烟的生命中有了一丝的心暖。

想到这些，张爱玲的脸色不由变红，两个可爱的小酒窝映衬着淡然笑容，从骨子里透出了许多亲和与诱惑，就像一团温柔的火焰，微微翘起的嘴角漾起十足的美。诱惑自然无法抵挡，两颗陌生的心陡然间又走近许多。

巧笑倩兮，美目盼兮。爱情原是如此之美，恍若游蛇悄然潜入心扉，顿时打乱了张爱玲的矜持和方寸，她一路幸福地回到家，把少女心思沉浸在红茶中，细细回味彼此接触过的每一个细节，突然发现到处都满溢他的笑容，时不时就会让人想起。在那个只为一人而唱的夜晚，这位始终紧闭心扉的女子，终于从静寂中感受到了长夜漫漫的味道。

爱，如此缠绵悦动，百年的孤寂只为一人守候。跃动的思绪如电闪雷鸣、如喁喁细语，如果真是这样，相信张爱玲愿意花费生命中的每一分每一秒，来期待着再次相逢。

陌上花开

爱是如此奇妙，让张爱玲毫无意识地步入到爱的涟漪中。就像烟花与夜色的相遇，让爱在这乱世里努力绽放着绚丽。

爱的感觉，带着突如其来的喜悦，"见了他，她变得很低很低，低到尘埃里。但她的心里是欢喜的，从尘埃里开出花来"。这样的喜欢，让张爱玲陶醉其中，恍若身处散落花瓣的街巷，眼前处处是流光溢彩，可她知道这些耀眼的浮华褪尽后，人生不过就是一场不愿醒来的梦。爱是幸福的，也让她麻醉了自己的内心，打算要许以芳心，不辜负这个绝代风华的时光。

即便是刹那间的灿烂，也会让尘埃散发出温暖。胡兰成执意要让张爱玲记住这段不同的美丽了。他总会准时地出现在她面前，笑谈各种若有若无的事情，把先前遭受过的那些挫折吹嘘成神话，以调情的方式补偿回来。在抓不住看不见的爱情面前，彼此的感觉就像是杯中晃动的酒，都无法做到心如止水。说实话，这哪里是在聊天，完全是用相差十四岁的年龄在相互撩拨，在用寂寞满足着无聊，用激情成全着彼此。

独自一人时，她也会望着空荡荡的屋子发呆。她想，这所有的经历不会是假的吧？想过之后，很快就变得释然起来，内心的幸福也在慢慢绽放，原来这倾世的温柔竟这么美。对爱慕的人而言，用臆想编织着整个世界，即便是迷失也会在所不惜，不论是梦魇还是永恒。

习惯自我保护的张爱玲，不论她是否懂得爱情，反正此时已经有些迷乱了。胡兰成在心动，也在不断发现着她的有趣。"以至于多少年后，胡兰成并不觉得她看上去漂亮——张爱玲属于那种貌不惊人的人，甚至没有照片上面光彩照人，倘若要说特别，不是她有会讨人喜欢之处，真正让胡兰成心动的地方，是她并不显山露水的文采。这样的低调也是他不曾想到的，如果两人只是在人海中相视而过，注定将都是彼此生命中的匆匆过客，根本不会在情海中如此波澜起伏了。"这样一来，所有的不安就成了弱不禁风的表现，所有的纠结就成了一吻丢魂的柔弱。偏偏就是这样神魂颠倒，让他们不由分说打得火热起来。

或许在冥冥中无论遇见了谁，注定都是生命中该出现的人。

以这样状态出现的胡兰成，确实给张爱玲带来了不同凡响的感受。几次接触之后，竟然颇感意外地被请进了闺房中。房间看起来不大，却精致而生香，恍若来到了世外桃源，正待细看屋里陈设，张爱玲已来到他眼前，"恍如十七八岁的女生正在成长中，却连女学生的成熟亦没有，但衣着打扮却又透着华贵雍容之气，一时间让人近身不成。胡兰成面对此情景，当下便不安起来。虽说不止妖娆风情，却绝对是清纯洁净"。淡淡的馨香随即扑鼻而来，顿时觉着她这身打扮要从所有的繁华中脱颖而出。落座之后再环顾四周，竟发现诸多家具陈设经过阳光一照，精巧中便生出了诸多温和，继而又嵌入木质的纹路中。一切都是那么轻柔，富丽堂皇中还有着独特的品位、爱好，让人突然就眼花缭乱起来。这些意想不到的精巧，让原本只是想着玩弄的想法似乎有些落空。"但我使尽武器，还不及她的只是素手。"瞬间生出的落差，让他竟然找不到自己的优越感了，反而只是觉着是那么地卑微。

仕途路上这么些年，胡兰成多少还是见过些世面的人。眼前的这些摆设，确实叫人眼前为之一亮，身处其中便会多少有些拘谨，但心里的那种感觉却还在洋溢着。他也知道，这和年少时的经历相关，那时特别喜欢看人家结婚，每次看到满脸含香的新娘时，眼睛就会死死盯住对方看，常常对那些若有所思的娇媚难以忘怀。那花轿里的人是那么地美，美得如同花丛中的蝴蝶，美得就像是一首抒情诗。这样的发现和爱好，一直让他活在梦里。

不敢说这些美貌都是倾国倾城，但风中飘摇的红色却始终是那么楚楚动人，让他都不知道如何来表达自己的想法。每每回忆往事时，眼前总会出现"手如柔荑，肤如凝脂"的印象。这样的想法，也让他一直膨胀，看着这温婉流转的情形，他何止是心神不定，更多的还是从张爱玲的清新中看到了希望，所有这一切，都被淡淡的檀木香逐渐唤醒，无论是流苏、幔帐，还是柔软的云罗绸，都在内心掀起波澜。

似曾相识的感觉，随着张爱玲的莞尔一笑就有了很多内容。"你这里布置得非常好，我去过好些讲究的地方，都不及这里。"张爱玲淡然一笑，从侧面看起来如此脱俗，就像是出水的芙蓉。"这里的一切，都源自母亲和姑姑的精心布置，只是住久了，便习惯了。"很随意的一句话，却透着说不尽的细腻，让原本的优雅分外夺目，像极了雪中绽放的红梅。

两个人就在闺房中聊着，也不在乎屋外的姑姑是何想法，屋里屋外显然是两重天地。张爱玲尽显明艳圣洁，不断地消除着他的局促不安，没想到两人很快就谈到小说《孽海花》。说者有心，听者有意，听着胡兰成对主人公威毅伯的赞赏，她这才微微起身，从容拿过手边纸笔，很快将其中几首诗写了出来。

书中的原型就是张爱玲的曾祖父李鸿章。看着她俯身挥笔，臆想中又添了许多美妙。胡兰成惊讶得说不出一句话来，只是默默站立一旁细读，真可谓是字如其人，纸上字迹不敢说美艳，可看起来很舒服，婉约的墨迹中，流淌的是穿越流年的清丽。写完这些后，她又娓娓道来其中的故事。当年，李鸿章马江海战失利后，陷入无比痛苦的心情中，夫人见此状况写下诗文，来表达丈夫对于国破家亡后的哀叹。一段人间佳话，不时触及胡兰成的好奇心，让他深有感触："男欢女悦，一种似舞一种似斗，而中国旧式栏上雕刻的男女偶舞，那蛮横泼辣亦有如薛仁贵，与代战公主在两军阵前相遇，舞亦似斗。"文字归文字，只是一种表达态度，但要征服女人就必须拨开烟花柳月下的云水苍茫。

张爱玲死心塌地要恋爱了。

欢快的一天又结束了，外面的夜色犹如墨染，胡兰成这才起身作别。在灯光的照射下，那消瘦婀娜的影子越发让人浮想联翩。等到恋恋不舍回到家，他又心怀爱意写下一封长信，在绵绵诗意中浓缩了千言万语。而人在深闺的张爱玲更是迫不及待，反复读了好几遍后，脸上的红润才算褪去。

一来二往，胡兰成干脆成了张家常客，隔三岔五都会去吃茶聊天，"谁能克制住不沉醉于贝多芬的第九交响乐，巴托克的钢琴二重奏鸣曲、打击乐呢？"也是，谁让这两人能够谈得如此情投意合呢？寓所里不时传出欢快的笑声，搞得姑姑老是不解地朝着屋子这边看。没想到他们关系飞速发展，她很快成了他眼里的红茶，他则成了她眼中的毒酒，只需相互抿上一口就会无法自拔。

姑姑对胡兰成从来不屑，对两人的感情更不看好。她多次要求侄女要洁身自好，不要因这结过婚的男人毁了自己清白。张爱玲身陷爱海无法自拔，实在无法时，只是敷衍着做给姑姑来看。胡兰成觉着她突然冷淡起来，思前想后却也不能多问，没想到在离去时会收到一张纸条，上面草草写着以后不再相见的话语。

消停了几天后，没承想他又出现了。寓所很快又开始欢天喜地起来，就像先前什么事也没有发生过。考虑到姑姑坚决反对，张爱玲自然要顾及长辈颜面，只能板着脸说出拒绝的话，可闪烁不定的眼神还是无法控制，其中写满诸多忧郁和迷离，分明就是难以断舍的留恋和难舍。这样做只能骗着姑姑开心，躲不过的却是胡兰成的细腻心思。每次只要在他面前，自己纯粹就是个透明人。

胡兰成一直在听着她说话，相反没有激起她的恼怒，却越发让自己犹豫不定起来，很快眼前这阵势就不攻自破了，至于姑姑的话，全然都抛到了九霄云外。虽然败给了他，可张爱玲是开心的，依然会在姑姑的监督下等他出现，每次都装出一脸的无辜相来。胡兰成也是大智若愚，每次都厚着脸皮，有次还故意讲到《天地》杂志上刊发的大照片，一番甜言蜜语的说辞后，立即就让她有了不同的感觉，竟然像吃过蜜一样难以释怀。本来就是赤裸裸的奉承话，可张爱玲就是喜欢听他说，反正是他说的所有话都喜欢，很快就在羞涩中将原版照片给了他，还写下了：因为懂得，所以慈悲。

懂得，是一剂春药。

在送出照片时，什么都不用多说，她更喜欢以含蓄来表达内心的多情，她的表达带着炽热的烟火气息。看似温柔，不惊动人，但又似天上的流云，无论舒卷，都不失内在的激越。看似默默无闻，实际上又伴随着岁月在流逝，这样的多情要慢慢品味才能懂。不是吗？云是蓝天的常客，在悄无声息中填充岁月的空虚。这有些像以心相许，更像是无条件的臣服，还能够说些什么呢？这样的痴情让彼此间很默契，似乎要在波涛汹涌的情海中迷失全部。

轮到胡兰成发呆了，天天想看到的照片终于拿到了手中，他立即明白了一切，越发喜欢得不行。

"我不喜欢恋爱，我喜欢结婚。"

不满二十三岁的张爱玲听到这字眼，没有丝毫的紧张，而是不紧不慢地说："你太太呢？"

他过了片刻才说："我可以为你去离婚。"人都是这样，一旦陷入情海，什么话都可以说，又有什么话不能让人相信？现在看来，这分明就是在玩猫和鼠的游戏，用语言来来往往地挑逗着彼此的感官。

"我现在不想结婚，过几年我会去找你的。"

看起来只是一句很不经意的话，只是在说这句话的时候，她的眼前却是非常唯美的图卷：随着战争结束，自己一直牵挂的那个男人为求生存，只能去往一座小县城中苟且偷生，得知这个让人兴奋的消息后，便一路艰难地寻找过去。当彼此在寒窗青灯下相逢时，心中的喜悦之情无法言表。凛冽的风在窗外呼啸着，肆意拍打着凌乱的窗棂，窗纸在摇摆中不断发着声音，就像在庆祝这样的难得，相互紧紧地依偎在一起，昏暗的灯光下什么也看不清楚，却陶醉在熟悉的喘气声中。如此唯美的情节，以往也只能在书中读到，可善于想象的张爱玲却全部搬了过来。

在现实面前，言谈无疑会胜过想象，而那些关于承诺和将来的事情，其实也让张爱玲感到了无比的漫远，可她还是打算去迎接所谓的爱情，并用全部的时光来相守。也就是说，她其实很享受这样的感觉。

真不知道爱情的力量有多大，他们很快就陷入难舍难分当中。这胶着的状态，让胡兰成也没时间顾及自己的家，而是时时刻刻都陪伴着她品茶醉眠。张爱玲终于愿意停下手中的笔，在这个欣赏自己的男人面前，她情愿浪费所有的时间，表现她最为柔软的一面。胡兰成是何等人物，他简直要在心里面开出一朵花来，他在《今世今生》中说："她却又非常顺从，顺从在她是心甘情愿的喜悦。且她对世人有不胜其多的抱歉，时时觉得做错了似的，后悔不迭，她的悔是如同对着大地春阳，燕子的软语商量不定。"

一场爱情就这样悄无声息地开始了，本是无关对错，但张爱玲很快就表现出了自己的不凡，用侃侃而谈的谈吐卓识表达着小女人的内心。在胡兰成看来，这谈笑风生全然胜过了卿卿我我，完全就是在情深意切中带着不易琢磨的撩拨，他不得不用心来看伶俐智慧的女子了。尤其是

"我已有妻室，她并不在意。我有许多女友，乃至换女友游玩，她亦不会吃醋，她倒是愿意世上的女子都喜欢我"。

这样夸张的文字中，写满了胡兰成征服女人的各种感受和满足，这无疑是一个男人对外的宣言书，似乎在向大家炫耀着自己的能力，真不知该是喜还是忧？张爱玲自是看得明白眼前这一切，可她就是心甘情愿用谦卑来打动着他，根本不会在乎繁文缛节的铺陈。

真不知道人生如何才有意义，反正不惧不怕的张爱玲，还是毅然投入到轰轰烈烈的爱情中。

第四章　性情相悦

缘起今生

"人活着不在于世界让你高兴，而在于你选择了高兴。"

张爱玲一直很信奉这句话。所以不论是沉浸在爱情中，还是俯身在文字间，她都努力找寻着其中的乐趣。或许是命运使然，在没有任何意料的情况下，张爱玲在这样的寂寞时间里爱上了他。

"嫁给我吧？"

一切都来得这么快，这算是求婚吗？胡兰成这位有着妻室的文化汉奸，已经没有了任何顾及，只是在开口说话的瞬间，用所谓的真诚包裹起了厚颜无耻，一脸坏笑望着张爱玲。

"你若懂我，这就足够了。"

这是张爱玲在心底期待着的事，她几乎没思索就点头同意。这时的她毫无疑问是欢喜的。有时也在想这样的过招，到底是谁征服了谁，而谁又输给了谁？姑姑死活不愿意，但很快还是到了举行婚礼的那一天。大家都在忙碌着，只有姑姑独坐一隅冷眼旁观，看过了黄逸梵的别离，现在又要看着她女儿飞蛾扑火，也无心去埋怨谁了，只觉着自己如同旁人一般。张爱玲只是没有形式顾忌这些罢了，当年他父亲再婚的时候，她也是姑姑这般模样，看不到前途，也不知道当下，张茂渊完全被爱玲搞得不知所以然了。

这样的结合似乎太过于随便了些，但确实又是真实存在的婚礼。1944 年 8 月，38 岁的胡兰成与 24 岁的张爱玲喜结良缘。婚礼就在家里的客厅举行，已经想象不出这俩为何情愿如此简单，也要用有形的婚姻来约束自己，难道真是为了心中的爱？客厅不大，没有几个人，零零散散聚在一起就像是在过家家，难道真是战乱把人性压抑得太久，对外在的形式已经满不在乎？姑姑心碎至极，原本平静的生活让这场闹剧彻底打乱了。

司仪始终一脸滑稽，想通过搞笑来渲染婚礼的气氛，但客厅里依然有些冷清，花烛在闪烁着，只能让人从飘忽不定的火苗中感受婚姻，不管怎么样，他总归是抱得了美人归，以后就可以在她这张白纸上肆意写写画画了，至于别人如何作想，他才不去计较。

生活就是这样奇妙，张爱玲的喜悦在于，她可以全身心投入到婚姻中，也可以在回味中出现在笔下，那些饱含着唯美和自信的文字，便在不断见证和记录着所有的传奇，然后又让大批的"粉丝"去解读。范柳原曾对白流苏说："你是医我的药。"就这个"药"字，写出了惟妙惟肖的爱；再如乔琪乔对葛薇龙说："他是眼中钉——这颗钉再没希望拔出来了，留着做个纪念吧？"而这颗"钉"却又是如此形象，倘若是换成其他词语，相信所要表达的意思要差好多。

炎樱总是不失时机地出现在各种场合。作为至亲闺蜜，她心里此时也是有着说不出的滋味。夹杂在人群中，脸上也闪烁着笑容，可她始终关注着胡兰成。他青衣马褂，头戴礼帽，身上斜披着红布，过去的那些美好日子里，是这个男人让自己常常夜不能寐，现在看来所有的语言都是苍白的，他最终选择了张爱玲，从而也让这段地下情成了秘密。现在自己只是旁观者，在享受着他们的幸福，即便想哭也流不出泪来。

婚礼继续进行着。应该到读婚书的环节了，托盘里有两封婚书，赫然写着：胡兰成、张爱玲签订终身，结为夫妻。这几个字让张爱玲生出了希望，也有了期许。她又想起胡兰成做的那些让人感动的事。他在媒体上发了两条消息：一条是与新欢张爱玲永结同心、不离不弃；另一条是与旧爱全慧文、英娣解除婚约、再不来往。不大的篇幅，却特别地引人注目。在《小团圆》中，张爱玲也写了这些事情，"她把报纸向一只镜面乌漆树根矮几上一丢，在沙发椅上坐下来，虽然带着笑，脸色很凄楚"。这般凄惨的结局，希望不是对现实的写照。唯愿岁月静好，现世安稳。

面对着这些人的精神狂欢，实在不解的还是张茂渊，她不明白自己的反对为何如此苍白无力，胡兰成本来就是在玩弄女性，却还要冠以各种虚伪的名号，这难道不是人生的悲哀吗？现在，只有她是清醒的，身处这群人中，却始终感觉自己那么的迷糊。这乱世中的爱恋像是一束束白花曼陀罗，在苍白无力中迷惑着眼球。

她到底在追寻什么？

"我永远和你在一起，我们一生一世都别离开。"

也不知道为何，张爱玲特别喜欢这些话，即便全世界的人都在盯着她看，也要像个不可一世的公主，在全力以赴中推进着这场婚姻，哪怕前面是万丈深渊也在所不惜。"生与死与离别，却是大事，不由我们支配的。比起外界的力量，我们人是多么小，多么小。"就算是自欺欺人，至

094

少眼前这些场景满足了她的虚荣，何必去想那些遥远的事情呢？

经过这段时间的相处，她只想在这乱世里安稳地活着，不想任何的事情，用爱情经营着这倾城之恋，至于其他琐事，都与她毫不相关。

因为懂得，所以慈悲。和先前孤家寡人的单纯相比，婚后生活无疑是有趣的、开心的，时时处处都是说不尽的情深意切。那些时日，他们几乎是足不出户，在性情的欢爱中无力自拔。也是，于他是多了红颜知己，而她则是有了闺中良伴，宁负天下不负卿，三生三世结桃花。尽管此时家国沦陷，民不聊生，但有想这些的时间，还不如享受飘飘欲仙的生活。

爱起来如此决绝，爱起来也是非常浪漫。婚后，两人常一起读书，胡兰成有次无意间抬头凝望时，却被她清灵的秀雅绝俗打动，眼前立即幻化出淡淡的灵韵，于是伸出手来轻抚银盘一样的脸蛋。"你的脸好大，像平原缅邈，山河浩荡。"

夫妻间的这样一句话，可能会很不中听，也可能会风轻云淡，但张爱玲却是什么话都喜欢听，她用手指缠绕着丝巾说："如果像平原大而平坦的话，这样的脸好不怕人。"之所以这样说，是想自我解嘲不让他过于难堪，彼此就这样不经意地停顿了一会，而后才若有所思谈起《水浒传》来，结果张爱玲很巧妙地引用了宋江见玄女的"天然妙目，正大仙容"片段，一下子就让他更为惊讶起来，没想到她学识是如此渊博，却又一时语塞不知说什么才好。过了片刻后，才不知所云地夸赞起她的衣着。张爱玲用心听着这些溢美之词，不想起身添水时的模样又被看到，更是一番天然去雕饰的描绘。

女为悦己者容，士为知己者死。在这唯美的爱情中，所有存在其实都充满着玄妙，就像一直高傲的张爱玲，情愿将自己委身于泥土中，而她眼中见到的一切都是美好的、愉悦的，当然这些都归于爱情的甜蜜。

爱情的真实模样会是什么呢?

婚后，张爱玲发生了很大的变化，除了时常秀恩爱不说，就连称呼对方名姓时，也如细风和雨，带着无比轻柔，让人忍不住要为这份爱陶醉，这个风月场的老手很快就被折服了，还常常被折腾得不知所云，就比如说开口唤"爱玲"，一向喜欢甜言蜜语的他突然变得尴尬起来，窘得无法叫出口来，可张爱玲就是喜欢看他犯难的模样，如同吃了蜜糖一样。

他越是叫不出口，爱玲越是不愿意，非要缠着他叫。等他鼓足勇气支支吾吾想要应付过去，脸色却已经由浅入淡，很快就成了酱紫色。好多时候，他都不明白张爱玲为什么喜欢这些，可在她的眼里，爱不就是这样充满着情趣吗，张爱玲只想让幸福随着时光慢慢逝去。

婚姻让冷冰冰的张爱玲有了更多浪漫，就像孩子分外依恋着家一样，极力表现着心中的爱。此外，她没事时还喜欢玩弄他的身体，触及眉毛时，就说："你的眉毛。"等手到了眼睛上时，又说："你的眼睛。"很快就到了嘴唇上，接着说："你的嘴。"完全就是个无邪的小孩子，让胡兰成经常是哭笑不得。

又是一天午后，风儿轻轻吹拂着杨柳，蓝天映照着白云，他们在欢愉后又携手出去散步，去享受风吹过的轻柔感觉。每次出门之前，爱美的张爱玲都要对镜贴花黄，将自己细细收拾齐整后才会心满意足。她朝着镜子斜斜望过去，弯弯的柳眉下是娇嫩欲滴的唇，就像慢慢绽放开的花蕾，顿时就有着一股清新散发在屋内。然后才起身不紧不慢转了一圈，桃红色旗袍下包裹的是优美的曲线，似乎将所有的美都集于她的身体，俨然胜过了画报上的模特。胡兰成始终是有着复古情怀的人，他眼中的旗袍通常都出现在幽静小巷，一把优雅油纸伞上飘落着雨滴，翩若惊鸿雁的身姿如同天地间飞舞的桃花瓣、人世间半开半合的唐诗宋词，在缓然的步履中飘散出丁香般的幽然。看到这里，他又被感动了，完全记不起自己要做什么。

这古典诗意的美，是荡气回肠；这光阴暧昧的美，是三千痴缠；这妩媚和风的美，是烟花绽出月圆。这美，纵有千万种语言，都无法表达出张爱玲的那种美来。

此情此景，似乎说再多的话都是多余。张爱玲何尝不懂，她意味深长的笑，很快就诠释了所有。

没几日后，他们又饶有兴趣地去观看演出，朝鲜著名舞蹈家的表演颇有特色，回家路上谈兴正浓，结果电闪雷鸣后下起瓢泼大雨。雨水浇淋之后，很快就少了先前的感觉，只想赶紧从混乱的人群中挤出去，到处是人，到处是车，到处是雨。他们费了九牛二虎之力才找了辆黄包车，已湿透的张爱玲迫不及待就跨上去，娇柔无比地倚在了胡兰成怀中。车晃晃悠悠前行，突然就觉着身体有了反应，起先还为着这香息而满足，旋而又为这高大身形犹豫起来，不知道该如何是好，最后只能作沉默不语状。张爱玲哪里明白这些变化，全然依偎在他的怀里满足着。

都说相思多了会牵挂，爱恋多了会深情。不论如何，张爱玲都以付出自我的勇气，全身心满足着这男人的欲望，也为他带来特别的感受。于他而言，这新鲜而又不同的爱让他留恋。

往事不过如此，但炽热的爱恋无疑让人沉醉不起。

变幻莫测

1944 年 10 月，汪精卫因病医治无效死在日本，遗体随后被运回了南京。还没等到葬礼结束，胡兰成已经开始忧虑何去何从了。本来就是个乱世，突然间又没有了容身之地，让他觉着还是现世安稳最好。

有时候，也会想起先前的往事，现在却只能坐以待毙，把心思寄托于诗书、缠绵于闺房。他的心中怎么能没有政治呢？他并不希望日本人很快撤出中国，等到哄张爱玲熟睡后，又开始根据自己的形式判断，绞尽脑汁开始写下日本撤兵的战略意义，以图为自己的将来能求条生路。同时又四处活动，想在日军离去前谋划些事情。张爱玲是看不明白这些事情的，她只有无休止的爱，为爱可以放弃自己坚持的创作。曾几何时，文字可是要胜过她的命的。现在她想的全是心中的男人。"你这个人哪，我恨不得把你包起，像个香袋儿，密密的针缝好，放在衣箱藏了好。"

他哪里有心思听张爱玲说这些缠绵的话，始终考虑的是如何化解即将来临的大难。就是一起出去散步，他也没有了先前的闲情逸致，常常是站在一处发呆，有次更是自言自语地说："我必逃得过，唯头两年要改名换姓，将来与你虽隔了银河必定找得见。"一会儿是吓得张爱玲不知所措，一会儿又让她感动的无法言表，她很快牵起胡兰成的手，消失在霞光之中。

"那时你变姓名，可叫张牵，又或叫张招，天涯海角有我在牵你招你……"多么浪漫的想法，只是在这个混乱的时间，好像也只能是想象了。

张爱玲努力尽好妻子本分。她不会去关心时局，只是一门心思爱着。所以她也学着与人接触，陪胡兰成出席各种会议。婚后的生活是幸福的、单纯的，这从用钱的小事上就能够看出，张爱玲说："用别人的钱，即使是父母的遗产，也不如用自己赚来的钱自由自在，良心上非常痛快。可是用丈夫的钱，如果爱她的话，那却是一种快乐，愿意想自己是吃他的饭，穿他的衣服。"

新婚诱人，只是这种新鲜感很快就会过去。正当胡兰成逐渐厌恶这样的生活时，又接到通知去武汉创办《大楚报》。无法看清前方的路，大家只能是苟且活在眼前。好多时候，她只是希望彼此能时常开心着，而自己小鸟依人般依赖着心爱的人，享受着人间烟火中的平凡生活。

心中有事业的胡兰成去了武汉，刚离别张爱玲还有着很多不舍，尤其看到四处废墟的汉口时，心中更是生出了许多人生苦短的哀叹，完全找不到繁华的痕迹。战争的硝烟弥漫在城市中间，在这种朝不保夕的恐慌中，他有了为仕途值得一搏的信心。为了以后能够重出江湖，他干脆又创办了一所政治军事学校，暗中为自己培育政治力量。

报社与寓所隔着长江，每天需要渡船去上班。一路上也没有心思去欣赏者滔滔江水，思虑的是如何躲避从天而降的炸弹。身处战争一线，经常可以看到一枚枚炸弹落入水中，很快又激起漫天的水花，船就开始左右摇摆，一船的人就开始大呼小叫，声音随着水花高低起伏，生死其实就是一瞬间的事情，谁也不知道每天会发生什么，唯有过好每一天。一帮人也是很尽心，只是工作不见起色，其实也很正常，这个乱世里能够活下来都是问题，谁还会靠着报纸消遣时光？

作为社长，他不想让这个刚到手的平台失去功能，一番思索后又打算改版，以赢得读者青睐。当文学期刊《苦竹》问世后，张爱玲更是以患难夫妻的面目出现，常常是加班加点亲自写稿，想要提高期刊的阅读量。先后完成了《谈音乐》《自己的文章》等文章，炎樱也被拽了进来，从事一些封面设计和翻译的工作。虽说时局混乱，但张爱玲的存在还是能够吸引大家的目光。

张爱玲总算是松了口气，但她并没考虑自己文章的反响，只是想在危难时刻帮助老公，希望他的工作能够有所变化。就在张爱玲谋划着期刊如何继续推进时，胡兰成对期刊的内容进行了调整，毫不犹豫换成了与政治相关的内容。组的稿子自然无法再用，而她也就失去了价值，只能在百无聊赖中写信传情，在思念中去回想先前的幸福。张爱玲是务实的，又是单纯的，她爱起来就会毫不犹豫，什么都不会在乎。

作为一对新人，牵挂让彼此活在了思念中，这样的日子幸福而又痛苦。胡兰成成天无所事事，只能闲待居所看书喝茶，想些以后的事情。没多久，他就发现了一位叫周训德的小护士，说起话来细声细气，人长得还算是眉目清秀，便不时地会去和她聊聊天。《大楚报》寓所毗邻汉阳医院宿舍，大家也都在一所院子里生活，很快就变得熟络起来，生活中有了这些单纯的小护士，让胡兰成多少又有了欣慰。

小护士们平时都很辛苦，要经常值守夜班，虽然如此，她们对报社的编辑们却是心生羡慕，尤其知道他是鼎鼎大名的胡兰成时，更是生出许多崇拜，不时地过来做些收拾卫生、提水等活路。在胡兰成的眼里，小护士们发际线比较高，看上去长得是土里土气，根本没有任何清纯的感觉。现在想想，也只有周训德还算说得过去。

小周一直想拜访胡兰成，几次登门想拜师学写诗歌，但都被他因事务繁忙推脱，没想到小姑娘也是执着，只要有空就会过来，最后没办法，只能同意她来屋里收拾卫生。通常情况下大家各不相扰，彼此话也不多，可慢慢地时间一久，胡兰成心里就起了想法，最终答应教她一些简单的诗文创作。

古人常讲独善其身，可他才离开上海便开始空虚起来。于他而言，不论是红玫瑰还是狗尾巴草，只要能慰藉内心就行，至于说什么喜新厌旧，他才不想理会。每天看着从眼前走过的少女们，虽然刚刚告别校园生活，可是她们身上充满着太多活力，要是再稍加收拾就会显出特别的美来。看着看着，他的心就开始触动起来，那是一种经受不住诱惑的冲动，只需他稍加手段就会手到擒来。

对这些少女们来说，要是能和社长交往是值得炫耀的事。按捺不住的胡兰成很快出手，凭借着请吃饭、谈文学等套路大献殷勤，小周又哪里招架得住这些凌厉的攻势，很快就在情网中束手就擒。

此时的武汉，依然每天里有着轰炸和炮火，就是在这样艰苦的环境下，他开始享受起了男欢女爱的同居生活，谁愿意说就说吧，根本就不去理会。有过亲密的接触之后，小周也和此前的青涩大为不同起来，她完全为着眼前这男人竭尽全力地改变着。

谁说乱世没有正气，面对所有的不堪，也会有人出来指责，《大楚报》副社长沈启无，就是一位正直的"好事"者，见识了胡兰成这龌龊的欺骗行为，很快就找到小周劝说，还说了些胡兰成有家室的相关情况。小周好不容易认识了一位渊博的学者，不但崇拜他的知识，还迷恋他的身体，根本就无法听进去这些话，为不伤及对方的颜面，还是言不由衷勉强答应。

这天午后，小周上门去送自己的照片，又多情地在背面抄了首诗：春江水沉沉，上有双竹林，竹叶坏水色，郎亦坏人心。不知她是无意之举，还是有意而为之，胡兰成心知肚明这是妻子写给丈夫的诗，可他偏偏要从中去体味另一种感觉。对着照片仔细端详一番后，才给予了一系列的评说。一天忙于生计的小周，何曾听过这些甜言蜜语，很快就倒在了他的多情之下。

"我来问道无余说，云在青天水在瓶。"不管是喜欢还是崇拜，既然彼此间都有亲近的想法，一切也就是时间的问题了。又是几次接触后，彼此间开始眉目传情，没多久就有了酣畅淋漓的接触。等到放松身心休息时，胡兰成用手抚摸着她细腻的背部，有种想要保护她一生一世的想法。直到这时才听到小周讲起沈启无，竟然怒从心起，当下就想去问个明白。

第二天刚到办公室，他就冲着沈启无大声吼起来，从来没有见过他如此发怒，或许真的是喜欢小周，不想让她受人挑拨吧？

"我问你，你对小周讲什么话了？简直就是个卑鄙小人，你到底有什么想法！"沈启无见到社长竟然如此反应，竟然不知道该说什么才好，面对着那些围观的人，他更是不想多说一句话。

沈启无也算是有正义感的人，除了敬佩张爱玲外，他对胡兰成的所作所为厌恶至极。此种情况下他还能说些什么，唯有默默离去。

张爱玲一直活在自己的世界里，这些内幕自是无法知晓。听到胡兰成一番绘声绘色的演绎后，竟然也是不明就里把这事写进了《小团圆》。"报社正副社长为了小康小姐吃醋，闹得副社长辞职走了。"爱情不就是这样么，但在胡兰成这张丑恶的嘴脸面前，所有的单纯终将被痴情蒙蔽。事情既然已将被挑破，而他干脆是不管不顾，完全让自己沉醉在男欢女爱的新鲜，就连在《今生今世》中的文字，也是充满着欣喜："后来事隔多日，我问训德：'你因何就与我好起来了？'她答没有因何。我必要她说，她想了想道：'因为与你朝夕相见。'我从报馆回医院，无事就去护士小姐们的房里，她们亦来我房里。我在人前只能不是个霸占的存在，没有野性，没有性的魅力。那种刻激不安，彼此可以无嫌猜。我不喜见忧国忧时的志士，宁可听听她们的谈话，看着他们的行事。战时医院设备不周，护士的待遇十分微薄，她们却没有贫寒相，仍对现世这样的珍惜，各人的环境心事都恩深义重，而又洒然如山边溪边的春花秋花，纷纷自开落。"

多么美好的文字啊，把情感的苟且写成了爱情，甚至比爱情还要伟大。说实话，所有的文字于他而言，除了完美的记忆之外，剩下的只是如何感受床第之欢。

相隔两地，无疑为胡兰成创造了不可多得的机会，张爱玲自然无法知道。至于小周，也完全被调教成了服从的机器，只管用身体来满足他就是。

一个小护士，哪里经历过这样的感情，尤其让胡兰成这般天花乱坠一说，更是不由自主想追随他。这让胡兰成越发感到新鲜，常常是喜不自胜，为了能够完全笼络住她，还会予以小恩小惠来帮济生活。最开心的是周家妈妈，听说女儿和这么大的官打成火热一片，更是感动得不行，不时嘱咐女儿要懂得报恩，平日里要好好报答。

小周到底是小周，就这样稀里糊涂同意了妈妈的话，原以为是为了孝顺母亲，实际上是成了小妾去伺候人，既然是心甘情愿，那就努力做好手中的每件事。胡兰成在《今生今世》中写道："她的做事即是做人，她虽穿一件布衣，亦洗得比别人的洁白，烧一碗菜，亦捧来时端端正正。她闲了来我房里，我教她唐诗她帮我抄文章。她看人世皆是繁华正气的，对个人她却敬重，且知道人家都是喜欢她的。有时我与她出去走走，江边人家因接生都认得她，她一路叫应问讯，声音的华丽只觉一片艳丽。她的人就像江边新湿的沙滩，踏一脚都印得出水来。"这样的文字描述，读者自然无法看出任何私情，实际上他是下了功夫来记录和刻画人物的。小周实际上是个很单纯的人，她早已在温柔乡中找不到自我，面对这种欲罢不能，她知道自己无法与张爱玲抗衡，只想这样委身于他。

无论是情感之花盛开，还是事业上的收获累累，在送别了胡兰成之后，张爱玲全身心投入自己的爱好中。先是小说《倾城之恋》被搬上舞台，接着又有人来洽谈拍电影的事宜。除了高兴，她只想把这些事情全部说给自己的爱人，其间也有人传过小周的事，只是笑着如风吹过。

伊人柔情为谁似水？唯愿用等待来换取世间的不离不弃。随着窗外的鞭炮声响起，年关很快就来到了，不知不觉一年就过去了，心中时时有着牵挂的张爱玲，只能独自茫然无措地望着窗外。

负心的胡兰成并不懂这牵挂的分量，只是潇洒地享受着小周全部的爱。此时此刻，他更迷恋眼前这个不起眼的小姑娘，她的温柔和顺从完全要胜过张爱玲千百倍。既然是留恋百花的蝴蝶，那所有的忘记只不过是时间而已，就像忘记先前的英娣。同样是听着窗外的鞭炮，但是怀里却多了那全身柔弱的小周，她满脸含笑地依偎着，把含香的温热徐徐地传递给他。

一年就这样过去了，他的眉宇间还是不经意地升起来一丝怅然。

长恨无处

小周心甘情愿地活在她和胡兰成织就的情网中，才不想去理会那些让人烦心的事情。她明白，只有照顾好眼前这男人，她才有可能过上幸福的生活，至于那些名分、地位都可以不去考虑。"今生无理的情缘，只可说是前世一劫，而将来聚散，又人世的事如天道幽微难言。"这些句子看似读起来伤感，但能在混乱的人生中开出一朵鲜艳的花来，也有着不可言说的美妙。

时局虽乱，可这样的生活却是惬意的，可以披着霞光散步，可以欢快地泛舟冲浪，这样的成双人对自是让人羡慕。胡兰成进入角色更快，他把这样的交往视为恋情，即便后来出入周家也没有见外，常常在周母面前谈着儿女情长，以后要对小周如何如何好，听得老人家眉笑眼开。

周家一直催促着他们能早些结婚，小周也是兴趣盎然，但胡兰成却是不紧不慢，不以为然地说："我因为与爱玲亦且尚未举行仪式，与小周不可越先。"听了这样的话后，反而觉着他是个有情有义的人，不由得在心底佩服起来。随着时间拖延，也就不再过于去勉为其难，小周成天陶醉在幸福中，也不去想那些无谓的事情了。

日子过得有滋有味，等到来年三月，胡兰成才想起回到上海。他打算陪张爱玲小住一段时间，以缓解心中的内疚，或者说调剂一下生活，让无聊的生活不再寂寞。如果什么都不讲，这也许是件开心事情，但他在满足了身体和精神后，又毫无隐瞒地说起了小周，听了这些话后，简直就是目瞪口呆。"男子憧憬着一个女人的身体的时候，就关心到她的灵魂，自己骗自己说是爱上了她的灵魂。唯有占领她的身体之后，他才能急匆匆忘记她的灵魂，也许这是唯一解脱的方法。"等她回过头看着远处时，又没有全部去相信这些话，他不会去炫耀这些见不得光的事情，或许是在逗自己玩吧？

又是一天，两人看戏回来走在路上，张爱玲突然很意外地对胡兰成说，姑姑前些天为她介绍了一位朋友，接触没多久就要发生关系，说是每月可以补贴生活费用。她对这事不怎么反感，倒是感觉生活中多了些许快意。话还没说完，胡兰成却已经勃然大怒，不听劝阻要找姑姑。没想到这样的刺激，很快就证实了自己在他心目中的地位，不由得欢喜起来。

人生如此短暂，相伴厮守才是幸福。

回到家中，他自是少不了与张爱玲有一番缠绵，虽然纠结在两个女人中间，但他若是什么也不说也无所谓，但偏偏忍不住就想炫耀一番。傻傻的张爱玲这才知道，原来他在外面还有个小周。胡兰成也不否认，却将这些卑鄙的做法和儿女情长牵扯在一起。"我待她天上地下，无有的比较。若选择，不但于你是委屈，亦是对不起小周。"一个是天上，一个是地下，小周与张爱玲又如何能够比较？张爱玲听完这些话并没有吱声，只是觉着自己要从高空中飘落下来，辛辛苦苦为爱改变那么多，结果却败在了花心面前，难道爱情真的如此不堪一击？

看清了虚伪又能如何，明白了爱情也不过如此，依旧会为着爱情来求那份心安。为了爱，她只能委屈自己，在大家面前，还要虚伪地为欢爱成瘾开脱。这时的张爱玲是可怜的，屈膝在爱情面前根本就没有模样，以前那个高傲的她已经不复存在。"理论上甚至可以赞成多妻主义，只是心理上无法接受的。"无论如何，她愿意这样面对，"如果另外的一个女人是你完全看不起的，那也是我们的自尊心所不能接受。结果也许你不得不努力地发现她里面的一些好处，使得你自己喜欢她。是有那样的心理的。当然，喜欢了以后，只会更敌视。"

开脱的次数多了，胡兰成有时也会感到内疚，为了证明自己对爱的执着，也许会有一番虚情假意的发誓，说要对张爱玲好一生一世，不会辜负这爱情。这般让人一眼能够看穿的伎俩，她竟然也相信了。再等到他离开上海，所有说过的话却都忘在了脑后。这个男人是如此贪恋女色，成天活在灯红酒绿的世界里。

若无时局的变化，这样的贪欢也无所谓，而眼下的局势也越发乱花迷眼，让人看不清国家命运前途。与胡兰成的各种话题又处在了风头浪尖，很快就影响到了张爱玲。胡兰成可以四处逃难，但张爱玲无力面对，所有这一切来得如此之快，快得让人措手不及。面对新出版的《女汉奸史》，她是又气又恨，怎么也想不到自己的名字会与佘爱珍、川岛芳子等人在一起。胡兰成又不知身在何处，又没有人可以倾诉，脑子里一片混乱，压抑得喘不过气来。最可恶的是各种媒体，即便在这样的氛围中还不忘卖些关子，经常发表一些类似"张爱玲做吉普女郎"的新闻。

张爱玲对政治毫不关心，最大的梦想无非是"出名要趁早"，为内心的现世安稳活着，报上张爱玲和美国大兵在一起的照片，本是生活中的常事，结果一直被媒体不明就里地放大着，细细想想，垣宇大将、熊剑东等日伪政府高官，在当时都要通过各种途径来结识张爱玲，被拒绝是经常的事，她才不会去做那些出格的事情。

媒体的报道在不断发酵，张爱玲没有话语权，自然也不会去争辩什么。这时伪政府召开了第三届"大东亚文学者大会"，主办方为了营造气氛，在报纸时尚列出了长长的名单，当张爱玲看见自己也位列其中，立即发函辟谣："承聘为第三届大东亚文学者大会代表，谨辟。张爱玲谨上。"她就是这样一个人，喜欢的事情怎么都可以，要是不喜欢自然是无比反感。

到了八月，日本战败投降。胡兰成的好日子总算到头了，为了活命，他不敢厮混在温柔乡里忘乎所以，立即开始着手逃难。

面临大难，胡兰成想到的只有自己。不要说让人迷恋的小周，即便是张爱玲站在他面前，相信他也不会有心思顾及了。不过，再怎样的无情，基本姿态还是要有的，随着他转身出门，只留下了半袋大米、十两黄金和一些日用物品。东躲西藏行在路上，却还想着分别时的伤感。"是日半早晨，训德为我烧榨面干，我小时候出门母亲每烧给我吃，是像粉丝的米面，浇头只用鸡蛋与笋干，却不知汉阳亦有。我必要训德也吃，她哪里吃得下。我道：'你看我不惜别伤离，因为我有这样的自信，我们必定可以重圆。时光也是糊涂物，古人说三载为千秋，我与你相聚只九个月，但好像自以开天辟地时起已有我们两人，不但今世，前生已经相识了。而别后的岁月，则反会觉得昨日今晨还两人在一起，相隔只如我在楼下房里，你在廊下与人说话儿，焉有个嗟阔伤别的。'训德听我这样说，想要答应，却怕一出声就要落泪。"这样的男人真是多情，通过这些不同声色的文字，就把一段难得的感情写了出来。

大势已去，可他却始终看不清形势。即便已经打算好逃难，却也不愿如此被历史所埋没，很快就和国民革命军第二十九军军长邹平凡联手起来，在武汉宣布独立对抗重庆政府。心怀雄心，却没料到"独立"会仓促结束，13天的坚持就像是一场梦，最终只能是仓皇逃窜。当他扮成日本伤兵连夜离开武汉时，真不知道该如何作想。没几天，全国范围就开始了搜捕行动，他只能是没完没了的逃难，其实最担心的人还是张爱玲，每天都心神不定。

有天夜里，担惊受怕的张爱玲正要休息，一阵子急促的敲门声后，化名张嘉仪的胡兰成突然出现在眼前。还不待他坐定，张爱玲就迫不及待地抱住了他，坚硬的胡子不断地刺激着她，却不再是先前的意气风发，沧桑中写满了伤感。不管怎样，她只想紧紧地抱住他不放，打算一直平平淡淡地生活下去。

　　这样的感觉应该是欣慰的，但他心底无法割舍对小周的爱。或许这些原因夹杂在一起，让原本好不容易的见面，却偏偏没有任何的话说，成了不可思议的沉寂。在《今世今生》中，"唯对爱玲我稍觉不安，几乎要惭愧，她是平时亦使我惊……我当然是个蛮横无理的人，愈是对爱玲如此"。相处两地，情感不断流逝着，他已吝啬得连文字也不愿写给旧爱了，说那些恩爱的长相守又有何用？张爱玲实在是无辜，为挚爱着的人担忧那么久，等来的却是无比酸楚。"我临走的时候她一直在哭，她哭也很美的，那时候院子里灯光零乱，人来人往的，她一直躺在床上哭。"爱就这样变了味道，让人真的无法说清楚。那一夜也似乎非常漫长，未曾等到第二天天色大亮，胡兰成已经悄悄出门离去。没有任何温存，甚至连屋里熟悉的气味也没有带走。望着已经冷去的被窝，张爱玲心底好像就如同刀割，耳边只能依稀记起他的话："同住同修，同缘同相，同见同知。"

　　水花很快翻滚起来，他没有回头直接走了。站在船上，看不清他的脸色，也不知他如何作想，反正只是远远地留下了求安稳的张爱玲。从逃难开始，很多朋友闻讯都不敢收留，无奈中只能想起当年落过脚的诸暨。

　　在诸暨一个偏僻落村，胡兰成有位叫斯颂德的同学，自己也曾客居这里一年之余。如今重返故地，心情却颇为不同，斯家人也很意外，但对他还是给予了礼遇。相互问过平安，得知胡兰成眼下需要帮助，便毫不犹豫让庶母范秀美送他去娘家暂时避难。

　　弱柳扶风的范秀美比胡兰成大了两岁，却因常年宅居深闺，看上去颇有女人味道。当年她进了斯家成为小妾，没想到斯家老爷一病不起驾鹤西游，寡妇范秀美的人生开始一落千丈，也就是这时候，胡兰成突然出现，很快就打破了这一潭死水。

起先还有些担心避难路上是否会出现各种意想不到的事，偏偏没想到还有着不少情趣，就仿佛是才子佳人远游，不论是游山看水，还是闲情谈笑，多的是优哉游哉的心情。人还没有到达温州，他俩却已经有了肌肤之亲。此时的烈火遇干柴，给人的感觉完全是饥不择食，焚烧掉的是欲望和伦理道德。反正是山高皇帝远，谁也不会顾及这些事情。

他们很快以夫妻的名义生活在一起，其间胡兰成也想过什么是真爱，是要留下刻骨铭心的感觉，还是情缠意绵的恩爱？只是山水诗意的温州很美，很快就让她忘记了一切。

来到残破不堪的范家小院，看到眼前的破败景象，他的心情非常低落，一如仕途上的不顺。院子里许久见不到足迹，到处都是翠绿的青苔，没有烟火气息的房屋带着沧桑，奄奄一息就像老人在残喘着。"寂寞天宝后，园庐但蒿藜，我里百余家，世乱各东西。"不管怎么说，经过了数天的劳累和坎坷后，总算能在温州这地方先住下来，心中虽然有很多想法，只是没办法在乎简陋的环境，当下能安稳下来才是首要问题，这一路实在是太累了，他胡兰成只想先找个地方躺下来。"家家门前清流女足镜，可洗菜洗衣；吃食海鲜居多，餐餐有炊虾，小菜都是冷的，像是供神；有时去家门口附近大土力的明朝宰相遗址走走；正月十五去海坛山看庙戏；三月三去五马街看拦街福……真的是'岁月静好'。"

那个从未谋面的小周虽说打乱了他们的安静生活，可张爱玲依然相信用爱能补救回来，她在1946年2月的一天出发了，要用爱去换回失去的一切。

张爱玲带着美好想象出现在温州城时，先前所有的不快都消失了，她只想安稳地活在当下，活在两个人的世界里。从来没有贪恋过他的地位，现在也不会在乎他落难的身份。这一路走过来，不断经历着战乱中的流离失所，见到的景象也是触目惊心，现在什么都不想去计较了，为了爱只想放下一切。见到张爱玲的那一刻，胡兰成只是惊诧她的突然出现，自己事先竟没有得到丝毫的讯息，于是板着脸连拥抱都不愿意给，只是在心里想着她此行的目的。

张爱玲还没有从想象中走出来，她觉着这一路的千辛万难就像是公主在寻找王子，现在总算是功德圆满了，可是她并没有得到拥抱，也没有得到甜蜜蜜的话语，这一切都是那么意外，最让人不可思议的是，不说话的感觉如同陌路行人，而且他还要扯着嗓门喊："你来这里做什么，还不赶紧给我回去！"

即便遭遇了不屑，张爱玲也是把这些当作关爱，以为这里条件艰苦，他担心自己才会如此大动干戈。想到这里依然是脸上带着笑，也不顾及旁人如何。爱情不就是这样吗？有时就得有人低三下四，她情愿为爱牺牲一切。胡兰成仍是不依不饶，完全就是一副得理不饶人的模样。面对这些，她的眼泪突然流了下来，带着诸多无法诉说的委屈，要知道在这之前，他从来不会板着脸说话。这到底是怎么了啊，混乱的世界怎么就让人变得混乱不堪了呢？

她就那么僵直地站在门前，走或不走也不知道，只感觉脑袋里乱乱的。

这样的态度，着实让张爱玲从来没有想到，而他先前的真诚与温顺也都不复存在，让无数个夜色中的担忧化为泡沫，难道此行只是为委屈自己？

不管如何，来了还得先留下，张爱玲被安排住进了一家小旅馆。胡兰成走时再三叮嘱，对外只能以兄妹相称，否则警察来查夜就容易发生问题。

什么样的称呼并不重要，能时刻相守在一起就是幸福，更别说是做妹妹了。"我从诸暨丽水来，路上想着这里是你走过的，及在船上望得见温州城了，想你就在那里，这温州城就像含有珠宝在放光。"如此煽情的话，也只有夫妻之间能说出来，但他却是忧虑重重地听不进去。

是啊，张爱玲在这个时刻出现，分明就让自己很为难。对于新欢范秀美而言，她又该怎么办？

张爱玲哪里知道这些呢？自己千里迢迢寻夫，说明了胡兰成在她心里的重要地位，这个男人此时完全是自己的全部和倚靠，直到见面的那一刻，看着他有些消瘦的面容，虽然心酸却也放下了心来。胡兰成完全被范秀美的丰腴所吸引，试想她十八岁就开始守寡，清心寡欲自是保养不错，虽说眼下落了难，见到她之后还是情不自禁动了心思，试探过后就开始了各种不经意的挑逗。范秀美哪里受得了刺激，很快就被折服委身他的怀中，好久都没有这样被疼爱的感觉了，想想就幸福，才懒得去管那些婆婆妈妈的事。虽说范秀美的家境一般，可从小长在这样的环境中，居家过日子自是有自己的长处，即便是伺候人也要胜过小周和张爱玲。张爱玲再委身于他，也是不食人间烟火，他此时需要的不是天使，而是让自己的身体得到满足。

确实是无比纠结，可张爱玲还是这样出现了，胡兰成也只能在两人之间周旋，要说高兴，至少给他带来了许多新鲜的外界消息，时而听得不可思议，时而听得津津有味。离开张爱玲后，他也会思索，以前的爱都去了哪里？其实，自己的爱是什么他并不知道。

为了能让心里安慰一些，他白天去小旅馆陪张爱玲，晚上则自觉地回到范秀美身边，张爱玲没有多想，只是单纯地活在自己的幸福中，怎么能不幸福呢，见到这个男人后，心中所有的抑郁全部消失。这个时候，她会温柔可爱地看他，有时也会轻轻地抚摸他的须发，让彼此很快回到先前的融洽中。简陋的环境中，他们随心所欲地谈着人生，说着文学，让一切看起来都是风轻云淡。即便这小屋子里出现了范秀美，也未能引起她的所有敏感，似乎只是让谈话内容更加有趣。

过眼云烟

爱情的结局无非两种，不是山盟海誓下的恩爱，就是劳燕分飞中的别离。

如此破落的小旅馆中，还有着不可思议的相敬如宾，不知道目的何在，可是他们并未让人觉着亲热，反而更暴露了彼此间的生疏。张爱玲也不愿意多问，只想在这混乱的时节求得安稳。可这简单的要求竟然也无法得到满足。"你与我结婚时，婚帖上写现世安稳，你不给我安稳了？"实在是迫不得已，她才想在离去前求得尊重和爱。声泪俱下的逼问中，他才尴尬地低下了头。过来片刻才说："世景荒芜，小周已为我下到监狱里；我与她有无再见之日也不可知，你不问也罢……"也不知道为何还要牵扯到小周，原本应该缓和关系才是，结果话一出口就成了火上浇油。

即便这样不开心，可张爱玲还是像变了个人似的，心甘情愿委身于他，至于心中那些隐痛又算得了什么呢？

所有意想不到的隐痛，时时刺激着她，先前是小周，现在又成了范秀美。

于是，温州那些日子，胡兰成不时来陪张爱玲，范秀美偶尔也会送些吃喝的东西。彼此有过深深浅浅的交谈之后，张爱玲这才发现他们之间有了问题，起先也是忍不住想问出口，后又怀疑自己是不是太过于敏感，既然暂居范家，以夫妻相称或许只是遮人耳目，要不然如何度过眼下这难关？如果从这角度来说，确实让人挑不出任何毛病。爱一个人就是这样，好多时候只顾及对方感受，很快单纯地相信了眼前的一切。

若没有后来的事情，日子或许就是风轻云淡，但老天偏偏不遂人愿。几天后的一个上午，胡兰成来到旅馆看张爱玲，很快就谈到了西洋文学，这样的状态很无奈，可张爱玲却一直努力适应着。谈兴正浓之际，胡兰成感到一阵冷汗攻心，只觉着腹部不断地抽搐，每抽一下就让人要疼死过去。原以为是夜晚肠胃受了凉，结果一时半会儿竟过不去。张爱玲的心思都在爱人身上，赶紧上前扶他躺在床上，又要用手帮他轻揉腹部，没想到他脸色如此苍白，却毫不犹豫拒绝了好意。张爱玲很纳闷，正待张口询问时范秀美进来了。

两人都见了救星一般，不待张爱玲开口，胡兰成如同小孩见了妈妈，有气无力地说自己如何不舒服。范秀美一听好紧张，也顾不上招呼张爱玲，上前去摸他的头，接着打来热水，又帮他揉起腹部来。

明明是自己的丈夫，自己却成了旁观者。如此这般地大秀恩爱，也不知道是何样目的。张爱玲突然有种乱箭穿心的感觉，此前的敏感再次浮现眼前，让她不知道如何面对才好，胡兰成正享受着这样的待遇，就好像张爱玲不在身边一样。看着范秀美忙忙碌碌，自己却什么忙都帮不上，在《小团圆》中，张爱玲用文字写出了这不堪的一切。或许只有在文字的世界中，她才可以不用那么在意爱，不让自己活得那么渺小。

面对这一切，心思细腻的张爱玲没让范秀美难堪，她只怕所有不快都会影响到胡兰成此刻的心情，只能配合着他们"表演"。想象中的千里寻夫是充满幸福的，不想却让她明白了爱情是这般虚伪。

为了维持这样的气氛，张爱玲一直违心地欺骗着自己，还要假装开心地夸范秀美，最后还提出为她画幅人像素描。开始后，她仍然继续说："范先生真是生得美，她的脸好像中亚细亚人的脸，是汉民族西来的本色的美。"其实，她心中的美已经逐渐消失了，为了爱只能这样做。最无情的胡兰成，自然明白这些话的意思，却厚颜无耻地挤到画前，除了夸赞外还不时指指点点。

对从小喜欢画画的张爱玲来说，这样的素描着实有些简单。所以寥寥数笔便勾勒出范秀美的脸部面容，细细看过去，原来这人生得是眉清目秀，淡淡的笑容中带着不易觉察的媚态。某种程度上，她是喜欢画画的，先前出版的那些书里，好多插图也是出自她手。大家正有说有笑，只听见张爱玲的画笔不住地与纸张摩擦着，就像小蚕在啃着桑叶。快结束时，画笔不知为何停了下来，眼圈突然红起来，胡兰成和范秀美聊着天，哪里又会在意她的微妙变化？眼睛越来越酸涩，很快就落下泪来，而后又无声地落在画纸上。等他发现后却只是不停地催促，张爱玲只是机械地点头，却死活不愿意再多动一笔。

一直等范秀美离开后，她的泪水才突然涌了出来，然后又呜咽着说："我画着画着，只觉着她的眉眼神情，她的嘴，越来越像你，心里好一阵惊动，一阵难受，就再也画不下去了，你还只管问我为何不画下去！"这到底是什么样的感情啊，一句句直往人心里戳着去了。纵然胡兰成不管不顾，可她还是努力将这些委屈话藏在心里，只想为眼前这个男人寻找理由。

岁月深重如情，日子轻薄如纸。分别的日子似乎很快就要来到，彼此在一起的机会好像也没先前那么多，好不容易一起上街，这才好不容易开心，可是胡兰成又说起了小周，不论是批评还是狡辩，他终究没有说些宽慰张爱玲的话。在他看来，所有女人都不过是手中的玩物，只要自己喜欢。

曾经能够影响一座城的张爱玲，现在可怜得已经不看重名分，也不在乎身份，她只是想来看看在外漂泊的男人，至于小周她早已忘到了脑后，却没想到又来了个范秀美。"生在这世上，没有一样感情不是千疮百孔的。"这就是残酷的现实，不懂感情却滋滋有味地写着感情，等到要经营自己的感情时，却只能是绝望地要死去，几乎喘不过气。

屈指算来，已经在温州待了20多天，面对各种尴尬，张爱玲不知为何想到了要"知趣"离开。所谓知趣，不过是因为胡兰成的不冷不热，自己这样待下去也只是徒生烦恼。不是说要现世安稳吗，现在看来，只有离开才是最好的。

也就是这个时候，本就沉闷的天空下起了雨，突然感觉"生命是残酷的。看到我们缩小又缩小的，怯怯的愿望，我总觉得有无限的惨伤"。胡兰成没有劝慰她，只是漠然地看着，这样的真实带给人的痛是残酷而又无法言说的。面对着如此荒凉的情景，张爱玲的内心无人能懂，不由又想起了那夜的情形，不知道怎么走到了胡兰成居住的小院，连个院门都没有，简陋得让人不敢相信。站立了片刻后，她还是敲了敲门，屋子里突然就静了下来，静得让人不可思议，又敲，过了一会儿才有人问起来，又是一阵子的窸窸窣窣后，门总算打开了。昏黄的小屋里，连个简单的摆设都没有，范秀美缩在角落，只盖着一床破旧的被子，所有的凌乱让她什么都明白了。三个人拘谨地待在一起，相互对视着不知道说什么才好。天才的女人，顿时变得没有了光彩，不知道这黑夜会延伸到何处。

为了这样的爱，张爱玲最终面对着所有的残忍，即便是委屈自己也无所谓。爱，都到了这种地步，也只有这个男人去救助她了。没办法，谁让这个精于谈情说爱的胡兰成有着太多不同呢？他更多时候就是张爱玲的一味神药，只要愿意救她，就可以一直让她活在滋润中。他也明白这个道理，可就是不愿意伸手去救，即便张爱玲在情海中挣扎。

说到别离，这是谁也想象不出的痛苦，即便在梦里也不曾出现过这些场景。张爱玲孤立无援地行在大雾中，任由浪花雨水扑面而来，随着船的起伏，心情也在不断地变化着。"这上海，无人来，往事已故此景谁还在？烛残漏断频欹枕，起坐不能平，世事漫随流水，算来一梦浮生。"不知道自己是如何回到上海的，只是温州这十数天实在难忘，等到心绪有所平静，这才想起提笔写信。"那天船将开时，你回岸上去了，我一人雨中撑伞在船舷边，对着滔滔黄浪，伫立涕泣久之。"所有的爱何止在这信中，随信还有刚收到的 30 万元稿费。不管怎么说，她的心思全都在胡兰成身上，至死不渝。"我想过，我倘使不得不离开你，亦不致寻短见，亦不能再爱别人，我将只是萎谢了。"

人生之花还未怒放，却因为爱而想到萎谢，确实是件太过于残忍的事情。人生不就是这样吗，从来都是对自己拥有的不珍惜，等到失去后才感到可贵。张爱玲的爱情正处于这样的纠结之中，她既期望能让爱情起死回生，又考虑着要不要就此结束。

人一旦有了心事，就会喜欢发呆，反正张爱玲脸上的红晕是看不到了。这些天里，她一直在苦苦思索着爱情，姑姑忐忑不安地来了，又伤心抹泪地走了。炎樱也闻讯过来安慰，然后又忧心忡忡离去。整个屋子里死气沉沉，所有的美好都看不到了。

记得必须要离开温州时，是因为到处都出现了搜查胡兰成的士兵。他除了害怕之外，又开始想到逃难，生命此时于他无比宝贵。行李很快就收拾好了，看着又要离去的场景，张爱玲心里说不出酸楚，只有范秀美是随意的，并不惧怕这样的形势，漫不经心地讲着以往的开心。

重新回到诸暨确实有种无奈，至少各种放浪形骸的行为要收敛许多。既然以前的拥有成了眺望和思念，更多时间只能是独自面对，不过也给他提供了时间完成《武汉记》。这本书记录了他九个多月的逃难生活，其间也有回顾和展望，写出了无比畅意的人生。张爱玲并不知晓这些事情，她的心思还停留在温州的那些痛苦中，原以为美满的爱情会持续很久，却没想到弥漫在心间的全是痛苦和无助。所有的记忆似乎都停留在了昨天，让人不忍心去面对今天的一切，只觉着自己突然就成了漫漫长夜中的怨妇。

以前的自己就这样丢失了，再也找不到一茶一书的快乐，那时的自己是高傲自行的。而现在的眼前只是无尽的黑夜，始终让人从中无法走出来，灰暗的情绪简直无法言说。即便这样，还惦念着那个负心的男人。

张爱玲的用心牵挂，换来的却是更多的失望。这天好不容易收拾好心情，准备捡起自己丢失许久的文字，续写那些伤痛而又散漫的文字，没想到范秀美来了，她是专程从诸暨来找自己的。

范秀美意外怀孕了，那个小生命是胡兰成在激情中创造的。大家都知道原因，可是谁也不能捅破那层窗户纸，就是她自己也是无比尴尬，不知该如何面对斯伯母。范秀美的肚子一天天变大起来，想着留下也无望，只能早早着手联系医院解决。到了上海后，本来想着神不知鬼不觉就了结这事，却没想到手术差钱，举目无亲的情况下只能找到张爱玲。

范秀美手持着胡兰成的纸条，脸上依然隐含着淡淡的笑。她也知道自己虽有着胡兰成的骨肉，可在张爱玲面前不敢有任何嚣张，也是有着无比尴尬和难堪，不知道该如何来形容心情。这个消息如同噩耗般传来，又一次重重打击着张爱玲。

哪里还有多余的钱，陆陆续续都接济了胡兰成。想到这里，张爱玲先忍不住擦去眼泪，取出母亲留下的金镯子递过去。送走范秀美后，她躲在屋子里大声哭了起来，抱怨自己多舛的命运，姑姑揪着心，不知如何安慰。

痛苦终究要过去，而生活在逐渐回归着正常，就像张爱玲才明白自己原来活在琐碎中，那些所谓的飘飘欲仙，不过就是营造出的假象，无非就是一次次的身体享受后，让内心有了更多的重创。她在乎的不是钱，而是胡兰成的爱，太多伤感的话，依然不知该找谁诉说。

一对相亲相爱的人，在这样的情况下又能如何？若不是胡兰成的出现，大家都该在自己的世界里，享受着风轻云淡的时光。自从回到斯家后，人多眼杂，无形中多了许多约束，至少不能随便同范秀美在一起了。对习惯恩爱的他们来说，这克制无疑有着太多的压抑，彼此也只能眉目传情，回想着先前那段快乐生活。也有几次，两人想尽办法刚待在一起，外边却已响起了咳嗽声。如此一来，连偷腥的机会都没有了，只能把思念全寄托在张爱玲身上。

既然这样，还不如潇潇洒洒地离开。没几日后，他径自向斯伯母和秀美告别，看着她眼神中的多情与不舍，最终是心无旁骛地走远了。这一走，看似不带走一片云彩，实际上已经觉察到斯家人的猜疑。

来到上海后，情绪才渐渐有所好转。张爱玲见到他的那一刻，所有任性也都不复存在，冲动的感觉又重新洋溢在心间。又是一段时日不见，多情的她只怕心上人转身就会离去，便时时刻刻绕着他转，就像从来不曾见过一样，在欢愉中诉说思念，在颤抖中冰释前嫌。

金风玉露一相逢，便胜却人间无数。温州发生的不快消失了，有的只是说不出来的舒服，这是他最期盼的结果，等到彼此相拥一起说情话时，他无意中又说到先前的事，一场激烈争吵开始了，双方谁也不让，展现着各自最为丑陋的面目。

姑姑从梦中被吵醒，也只能独坐屋中伤心。

这样的吵闹注定不会有什么结果，不欢而散后就分房而住。思虑许久后，想着这般撕破脸皮也毫无意义，于是再次进屋拍着她后背想劝慰一番，张爱玲干脆从床上跳起来，不可思议的对决就这样开始，好看的皮囊和有趣的灵魂都不复存在。

反复争吵，只是为了证明爱的彻底。为什么爱情会变成这样，以前那些骗人开心的手段都去了哪里？胡兰成突然觉得时运不济，好多事情都不能按着自己的想法施行。难道人世间的爱情都这样不堪？到了夜半，他还是来到张爱玲床前，月光微微地透过窗帘照进来，他静静地站在一旁想看清楚一切，从结婚到现在，发生的事情实在太多，一个弱女子为了爱担负那么多，她不就是想使使小性子吗，为什么就不能包容她呢？想说的话太多，想做的事情也太多，这一刻自己也好像变得通透起来，只想去抱抱最爱的女人。

这天似乎很早就亮了，胡兰成在床上辗转反侧，几乎是一夜未眠，熟睡中的张爱玲是那么憔悴不堪，抱着被子蜷缩着，毕竟是爱自己的人，他突然被这样的场景触动。又站立片刻后，弯下腰去吻她，没想到被窝突然动起来，一双玉臂把他脖颈环抱起来。"我太爱你了，真的是太爱你了。"那轻柔的声音中带着太多说不出口的温情，让泪水顺着莲藕般的胳膊滚落下来。

哪里还有什么爱和恨，有的全部是缠绵和激动，他们好久都没有这般亲昵了。问世间情为何物，直教人生死相许。温情过后，胡兰成心满意足地走了，消失在芸芸众生之中。

原以为这样就能抚平一段伤痕，原以为泪水可以消除一切隔阂，可是还没有开心上几天，却意外地收到了张爱玲的信。

"我已经不喜欢你了，你是早已不喜欢我了的。这次的决心，我是经过一年半的长时间考虑的，彼时惟以'小吉'故，不欲增加你的困难，你不要来寻我，即或写信来，我亦是不看的了。"字字句句是那么真实，不再闪烁情感的光彩，一段牢不可破的关系注定要破灭了，只是胡兰成嬉笑着满不在乎，感情的事在他看来就是这样，等他再次回到上海时，看到已经人去楼空的房屋时，才知道张爱玲这只蝉已经飞走了。满腹的欢喜落了空，伤心一下从心底涌起，原地站了许久后才惆怅离去。

看起来多么美好的爱情，就在这纷乱的人世间无奈萎谢了。原来，时光能带走所有寂寞，也能在风清云淡中荒芜爱情。

第五章　生命幽怨

不与相守

完美是难得的，所以破碎总是来得那么快，快得让人无所适从。

滚滚红尘中，张爱玲所有的激情正在消失，她生命里已没有任何刻骨铭心值得回味，感情突然成了累赘，压得她喘不过气来。

姑姑一直不看好这门婚姻，只是没想到会这么快就结束了，有种乱红飞过秋千去的感觉。哪里还有什么安稳，越是想求什么就越发实现不了。那些天里，她一个人躲在屋里哭泣，想把所有的伤心都让泪水拂去。

当她连喜欢的文字都要放弃时，看来没什么割舍不下。这一年多的时间里，她为了爱完全丢失了自己，等到夜深人静去想这些事情时，才发现人生如此地可悲。

等她狠心地写下绝交信时，梦想全部破灭了。本来就是冷漠的人，现在任何的好情绪都没有了，从镜子中看过去时，27 岁的张爱玲已经开

120

始老去，完全没有了先前的气质。回头去想那些往事，才发现例假都不正常，已经几个月没有来了。自己的事情没有起色，家中也是琐事不断，支离破碎中透着酸楚。父亲完全老了，身体一天不如一天；母亲常年在英国居住，似乎完全忘记了她的孩子；弟弟依然还是那弱不禁风的模样，让人感觉长大是如此地不好。

每个人都有气无力地苟活着，这或许才是人生？

思虑许久后，却不知自己该做些什么，人生的悲剧莫过于此，爱情把一个人完全吞噬了，连精神都找不到了。这个时候，许多喜欢她作品的读者和学者，都普遍认为张爱玲在积蓄才华，准备下一次的华丽转身。想象是美好的，可谁又知道那彻夜不眠的痛苦呢？夜是空荡荡的，连丝毫的牵挂也没有，一个人就在漆黑中神游，让人看不到方向和出口。好不容易说服自己重新提笔，却没有想到一家家报刊先后停办，没有停办的报刊，也是若即若离地保持着关系，也就是说，先前的荣耀不过是个漂亮的肥皂泡。

胡兰成还在逃难，每个人都经历着太多的意想不到。张爱玲既要承担自己的爱情之殇，也要背负"汉奸姨太太"的巨大压力。所有的辩解毫无用处，似乎只有死人般的沉默才会换来片刻的安静，其实她早已习惯了这样的生活，生活不就是这样吗？弟弟不时会过来探望问候，为她风雨飘摇的生活带来一丝安慰和温暖。"抗战胜利后的一年间，我姐姐在上海文坛可说销声匿迹。以前常常向她约稿的刊物，有的关了门，有的怕沾惹文化汉奸的罪名，也不敢再向她约稿。她本来就不多话，关在家里自我沉潜，于她而言并非难以忍受。不过与胡兰成婚姻的不确定，可能是她那段时期最深沉的煎熬。"其实也只有弟弟能明白她，虽然看上去永远都是那样苍白的病态。

弟弟身上没有冷漠，也不完全是阳光爆棚，他对这些本就不在乎，只是希望姐姐能振作起来。张爱玲何尝不懂这些，自己确实沉寂得有些久了，真的不愿意为了爱情沉沦下去。没想到上海《辛报》在这个当口，又专门为她策划了一期专栏——《张爱玲哪里去了？》，一家不起眼的小报无意激活了张爱玲平淡无味的生活，让她暂时忘却肆意的谩骂和指责。这个世界就是如此无情，除了忍辱负重外，要做的事情似乎很多。

既然有这么多关心自己的人，生性冷漠的张爱玲决心要自我疗伤了，她实在不愿意就这样萎谢下去，人生这般短暂，为何不去绽放自己的色彩？所以当新作《华丽缘》出现在《大家》杂志时，立即又引起很多反响。故事依然还是男女之间的风花雪月，作品的风格和基调还是沿袭先前模式，唯一欣慰的是她在文字中逐渐找回着自己。

《大家》主编龚之方，人都喜欢称他为"龚满堂"，是位很仗义的人，在当时的文化圈子也有着很高威望。当时的环境下敢发表张爱玲的文章，确实要冒很大的风险，也不仅仅只是喜欢他的文字和故事，更看重她对于人性的描写，能够把欲望写得很有视觉冲击，不时地会触及伤痛处。本就是不苟言笑的人，由心而起的冷漠，不断加剧世俗下的格格不入，只有文字是唯美的，在文字的交流中有着"同情的了解，了解的同情"。大家都看不明白，只有龚之方看好张爱玲。

文字就像是灵魂，让人不会寂寞。

有了复出的机会，自然也是管不了那么多，反正抓住一切机会就是了。在文章刊出后没过多久，张爱玲突然心血来潮想见龚之方。自从认识了胡兰成，她也不再惧怕社交活动，有这样的冲动也在情理之中。只是这次见面让人有些激动，毕竟好久都没有装扮了，看着镜子里面的自己既心酸又激动，以往明澈的眼眸逐渐变得混沌，连笑容中也少了灵韵，反正先前的轻灵绝俗没有了。

想到了就得去干，张爱玲从来都这样。当她敲响龚之方办公室的门时，忙着工作的他连头也没有抬，只是恨不得全身都埋在这些纸堆中。站立一会儿没人搭理，便端直开口就说："您好，我需你帮我做一件事。"

龚之方这才抬起头来，看着眼前这位身着旗袍的女子："您找谁？"

"我是张爱玲。想请您过目一部稿件。"就和爱情一样，她几乎不曾犹豫，而这样的开场白和炒豆子一样干脆直接，没有丝毫的拖泥带水，龚之方听到这里又惊又喜，惊的是张爱玲会亲自上门，喜的是她又新出了大作。两个素不相识的人就像打着哑谜，把在一旁的年轻导演桑弧看得迷迷糊糊。

她就是张爱玲吗？没想到如此特立独行。

在桑弧的印象中，几乎没见过有人这样对龚主编说话，偏偏张爱玲不冷不热地说出了口。顺着声音看过去，她没有传说中的冷艳绝俗，但青春的美却是如雪裹琼苞。也是奇怪，他只是看了一眼就心虚了，也就是那一刻他才恍然明白，岁月山河里的孤单并非绝望，刻骨感情中的沉默依然平静。

虽然感到了不同与众的一面，可是桑弧看到的不过是表象，他并不知道张爱玲此时有多为难。可生活就像在演戏，等她回到家后大病一场，茶饭不思，说起感情的事"那痛苦像火车一样轰隆轰隆一天到晚开着，日夜之间没有一点空隙"。感情上不顺也就罢了，可创作上也没了灵感，人生的各种不幸一时间都涌了过来，让人简直要喘不过气来。"内外交困的精神综合症，感情上的悲剧，创作的繁荣陡地萎缩，大片的空白突然出现，就像放电影断了片。"这样的经历对一个弱女子来说，自然是无法想象的，她可不想再回到学校时光的抑郁中。无论如何，只是感到自己要死了过去，真的这样逝去却又特别不甘心，人生为何总有那么多坎坷？

其实并非张爱玲想得这般糟糕，依然有很多朋友在关心着她。这年夏天，许久没有联系的柯灵突然来了电话，邀请她去参加一个特别的宴会，本来不想去，又不好意思拒绝，便含糊其辞地答应了。

这是一场与文化相关的宴会，举办者是年轻导演桑弧。

在上海的电影圈里，桑弧先后有着多部影片获奖，受到行业人士推崇。要说他与柯灵多年交好，却缘于张爱玲牵线。《倾城之恋》拍成电影后，一时间好评如潮，为了感谢柯灵的大手笔制作，张爱玲特地买来一匹上好的丝绸面料。柯灵几次拒绝不成，便用这面料做成长袍，就在大家夸赞之际，桑弧却是每天都坚持开涮，直到得知这面料的来源后，再也不胡乱开玩笑了。

虽然无意见过一面，桑弧欣赏张爱玲的创作才能，对于她能出席宴会还是非常意外，以至等不到宴会结束，就想请她加盟影业公司。这样的热情却没有打动张爱玲，或许是双方不熟悉的缘故吧？

这件事情就像水中的涟漪，在张爱玲心里很快没了痕迹。如果非说要有，那就是她对电影的喜爱和迷恋。电影在那个时代，毕竟代表着不同的品位，张爱玲生在富家，自小就在父亲的影响下，为那些故事里的情节感动，等到可以独自去看电影时，又常常陶醉在艺术的虚幻和真实中不能自拔。电影散场后，车夫很快就会来接她回家，她便把电影内容绘声绘色地复述一遍。一老一少不时会笑起来，有时也会陷入深深的沉默中。随着年龄变大，更喜欢几个人结伴同去，痴迷电影之外，还写下了许多有思想性的影评。

原本还沉浸在电影中，不想龚之方带着桑弧登门拜访。看得出来，这年轻人还真有股子韧劲，不达目的决不罢休。影业公司上门来谈与电影相关的事情，看在老朋友柯灵脸面上自是无法敷衍。

1947年，桑弧和吴性栽共同投资，创办上海文华影片公司，而抛头露面的工作都交给了桑弧。有压力就得出好作品，只得慕名找到张爱玲帮忙撑台出彩，她也是不负众望交出了剧本《不了情》。打开剧本粗略一翻，便被文字和情节所吸引，立即变得眉开眼笑起来。张爱玲简单地嫁接了好莱坞的故事情节，披上了"中国化"的外衣，所有的情节立即丰富多彩起来。经过准备，影业公司的拍摄开始了。

剧本的故事并不复杂，不过写出了人间的爱怨而已。一个不喜欢传统观念的老婆，一个只想远离生活中的各种骚扰，让所谓的爱情成了摆设，渴望求而不得，期盼分而不决，时时处处都是各种无奈。故事有着很深刻的意蕴，让张爱玲也从人物的不幸中有所感触。就是这样一部艺术作品精妙绝伦地刻画出了生活中最为常见的人性。桑弧确是慧眼识人，他们合作的电影《多少恨》很快有了反响。看到巨大的商机后，他又趁热打铁要求续签新剧本，既然合作如此愉快，张爱玲也就没有多想答应了。

属于张爱玲的时代又重新开场了，电影《太太万岁》很快又开创了新的辉煌，旋而成为中国电影的经典作品。这部电影一反传统，拍摄出来非常搞笑，看似放荡不羁的镜头中，有趣地表现出了小市民的日常。"中国观众最难应付的一点并不是低级趣味或者理解能力差，而是他们太习惯于传奇。不幸，《太太万岁》里的太太没有一个曲折离奇可歌可泣的身世。她的事迹平淡得像木头的心里涟漪的花纹。无论怎么想方设法给添出戏来，恐怕也仍旧难于弥补这缺陷，在观众的眼光中，但我总觉得，冀图用技巧来冲淡传奇，逐渐冲淡观众对于传奇戏无魇的欲望，这一点苦心，应当可以被谅解的罢？"

除可以想象的收入外，最关键的是让张爱玲找到了逝去的自信，这是非常难得的，也让他们有了更全面的认识。在桑弧看来"张爱玲的小说或剧本，总是力求做到能为普遍读者或者观众所容易接受……我认为这是值得我们思考的一种观点。"

一个人无论活成什么样子，最重要的是守住内心。如果内心简单，便看什么也不会复杂。随着一部部作品的问世，观众好评也是蜂拥而至，张爱玲再次出现在大家的视野。虽然曾经伤痕累累，但依然看起来那么的性情。由于要与桑弧经常讨论剧本，却没想到为热心人的撮合创造了机会。

桑弧比张爱玲小些，对爱情也是一窍不通。此时，他并不清楚张爱玲有过一段伤心的婚史，只是发自内心地喜欢她，"性格内向，拘谨得很，和张爱玲只谈公事，绝不敢斗胆提及什么私事来的"，这样的喜欢都能看出来，身边的人难免会想办法来成全。好朋友龚之方可谓是全力以赴，看着桑弧笨手笨脚的模样，把他急得够呛，居然有次还找到了张爱玲。原以为是开玩笑，听过之后立即摇头，"她的回答不是语言，只对我摇头，再摇头和三摇头，意思是叫我不要说下去了。不可能的"。龚之方看到这种情况十分尴尬，却觉着张爱玲哪里是在拒绝，分明是不敢再次步入婚姻殿堂。

谁说辉煌背后没有黯淡，破落的背后没有光彩？

看着那柔弱的背影，让人不经意间就会想起张爱玲悲凉的心境。很多人都不会明白，受过伤的人最害怕的就是再次受伤。外人懂不懂都不重要，无论如何自己都是明白的，如果只顺应大家意愿这样凑在一起，谁能保证就一定会得到幸福。以前太看重爱情，现在只想要安稳的幸福。说实话，桑弧浑身上下都透着暖暖的气质，私下里也特别关照张爱玲，让人很容易迷失在这样的关爱里。随着彼此接触密切，越发地能看到彼此的好来。这个芸芸乱世，大家都为着生活在奔波，谁还会为理想活在苍凉中。既然都有好感，张爱玲又一次没有在乎大家的眼光，她这只蝉永远都是那么小心翼翼地活着，只是走近了却不再恐惧。

爱似潮水，彼此的情绪又涌了过来，让张爱玲简直就是雾里看花，根本来不及琢磨。其实她还是很欣赏桑弧的才气，可是又不能为他承诺任何。思前想后也只能选择同居，不需要任何面对和承担，既可以长期在一起，也可以说散就散，爱让人活得如此纠结，只为了那些受伤的灵魂，只为了飘散在风中的失落。

原本很看好的情缘，却这样淡然无味地结束了，就好像是一阵风吹过，什么也不曾留下，可是一个人独处时，这过去的一切又是如此真实，深深地烙在了记忆之中。与胡兰成相比，桑弧既不风流倜傥，也不阳光帅气，更多是深邃双眸下的文弱，他将爱深深地藏于心底不肯示人，也注定了令人目眩的笑容下掀不起爱的波涛。"生活的艺术，有一部分我不是不能领略……在没有人与人交接的场合，我充满了生命的欢悦，可是我一天不能克服这种咬啮性的小烦恼，生命是一袭华美的袍，爬满了蚤子。"没办法，他只愿意用沉默来书写情绪，用沉默缅怀经历，用沉默来体味爱情，用沉默来面对幸福。

锦瑟流年，两两相忘。

无可奈何

谁能在人生中尽善尽美？

现在看来，荣华花间露，富贵草上霜，每个人都不过是天地的过客，哪里又有什么是完美的呢？即便张爱玲也不过如此。

枪炮声几乎不断，张爱玲却假装听不见，她对政治从不关心，至于外界如何变化也和自己无关，一个以写字为生的人，想的就是如何安稳地活着。

这本来不是件难事，关键是与胡兰成有过短暂婚史后，每次运动都会将她推到风口浪尖。张爱玲本就不愿意说起这些事情，只要想起就会心疼，现在扑面而来的流言蜚语，哪里还有能力抗衡？"时代是仓促的，已经在破坏中，还有更大的破坏要来。"时局越发让张爱玲感到恐慌，每每夜色中独自思虑时，更是有着意想不到的后怕，一个弱女子根本就无法预知未来。面对着来来往往的人群，不同的何止是心情，还有着莫名其妙的担忧，真想就这样萎谢了自己，来换取生活的安稳。

于她而言，安稳永远都是难得的奢望。一切都在改变着，无法改变的是张爱玲的心态，她只觉着要被流言和压抑的环境挤压得没有任何形状了。那年，张爱玲的《传奇》增订本出版。为了记录下自己的所思所想，她在前言中写道："我自己从来没想到需要辩白，但是一年来常常被议论到，似乎被列为文化汉奸之一，自己也弄得莫名其妙。我写的文章从未涉及政治，也没有拿过任何津贴。至于还有许多无稽的谩骂，甚而涉及我的私生活，可辩驳之点本来非常多。而且即使有这种事实，也还牵涉不到我是否有汉奸嫌疑的问题；何况私人的事用不着向大家剖白，除了对自己家的家长之外我没有解释的义务。所以一直缄默着……"看起来是无形的压抑，实际上还是内心的不愿改变，张爱玲只感觉自己太渺小了，也没有人愿意伸手来帮自己。其实有这样的感觉很正常，可是张爱玲也没有绝望的无人关注，只是她自己不知道而已。比如说，作家夏衍一直就想着如何帮张爱玲。

上海解放以后，夏衍从重庆来到上海，担任上海市委党委兼宣传部部长。各种公务之外，还琢磨着如何联系那些"原不属于进步文化阵营的文化名人"，这其中就有张爱玲。说起大名鼎鼎的张爱玲，夏衍虽然未曾谋面，但对她的作品却是十分熟悉，尤其佩服其不可多得的文学造诣。"张爱玲一直是个有争议的人物。她才华横溢，二十多岁就在文坛上闪光。"既然不可多得，便联系了龚之方、唐大郎等进步作家，把自己的想法说了出来，并准备组织人员筹备进步报纸，讲完这些事情之后，又专门问了张爱玲的有关情况。

一切都在紧锣密鼓的进行之中，1949年7月25日，经过唐大郎和龚之方的努力，先前的《世界晨报》改成了《亦报》。当这份具有清新气息的报纸出现在上海街头时，很快就替代了灯红酒绿下的芜糜颓废，进步作家丰子恺等人积极投稿支持。张爱玲也接到了约稿的消息，她是喜欢文字的，有人来约稿自然是无比高兴，但也有自己的要求，那就是只用笔名来发表作品，不论出于何种目的，总之报社答应了。

看到张爱玲每天开心地做自己的事情，姑姑无比欣慰，似乎忘记了先前的那些不快和悲伤。等到来年三月，《亦报》上开始刊载长篇小说《十八春》，署名为"梁京"。故事依然是写男女的爱情，可是更多了阴差阳错的纠葛。这次动笔写作，张爱玲有意识地加入了新时期的元素，很大程度上减少了先前的苍凉。也就是说，她对这次创作非常重视，也想让自己尽快融入进步作家群中。

有阳光的天气很舒服，张爱玲终于可以陪着姑姑看书喝茶了。生活很惬意，完全不用在乎任何事情。在红茶的香气氤氲中，两个人又恢复到先前的状态，开开心心地度过每一天。《亦报》开始连载前，还特地加了按语来解读作者写这篇小说的初衷，赞扬"梁京不但有卓越的才华，他写作态度的一丝不苟，也是不可多得的。在风格上，他的小说和散文都有他独特的面目。他即使描写人生最黯淡的场面，也仍使读者感觉到他所用的是明艳的油彩"。这样的评价有目共睹，这样的垂青也是不遗余力，张爱玲自然不会轻易辜负。

写作不仅仅是常年伏案，重要的是要有感觉。为了能写好小说《十八春》，张爱玲对她的第一部长篇小说付出了很多，故事虽改写了美国作家马德宽的小说《普汉先生》，但在文字风格、故事意境、表现手法等方面都有着不同。报社连续刊载了317期，持续了近一年时间。

如果论及收获，功劳与夏衍有着很大关系。

上海解放初期，经过夏衍、巴金等人倡议和组织，第一次文学艺术代表大会在解放剧场举行。从来不关心政治的张爱玲，也是意外地受到了邀请，面对这纸鲜红的烫金邀请函，她也是反复思考了许久，虽然证书上面写着"梁京"。能邀请张爱玲前来参会，少不了当时上海文化层的领导拍板，至少于张爱玲而言，她是特别愿意参加的。

这样的会除了好奇之外还是好奇，张爱玲几乎是带着惊喜出现的，这其中就有着她对新社会制度的判断。确实，会议代表不足百人，步入进去就能觉着礼遇的不同。既然决定了去，以什么样的方式出现，穿什么样的服饰自然有着讲究。开会那天，张爱玲在青灰色的旗袍外面搭了件带网眼的白绒线衣。没想到这样看过去也是优雅不凡，依然有着女人的风韵，心情愉悦地到了会场，只差惊讶地要叫出声音来，大家都是色彩单调的中山装、列宁装，自己格格不入。那一刻，她只能接受大家的观瞻，却不知道要躲到哪里去才好，恨不得当下就将各种不起眼的饰品扔掉，这感觉又让她回到了中学时代。

《亦报》上的连载文章成为大家的期盼，在那个信息不发达的时代，这自然就是最好的精神食粮，似乎也为死气沉沉的都市文学带来了鲜活气息。慢慢的，就开始有读者给报社里打电话，有时也会问是不是张爱玲的作品，面对着四处纷飞的书信，张爱玲笑得缈如云烟。

小说《十八春》的故事颇为曲折，不仅写出了人性的残酷，还让人看明白了亲情的脆弱，而这些都是爱情带来的结果。顾曼桢14岁时丧父，一直和姐姐曼璐相依为命。为了能存活下去，曼璐只有牺牲自己的爱情成为风尘女子。等到与投机商祝鸿才结婚后，梦想着可以过上幸福生活，却没想到因为生育问题陷入痛苦之中，祝鸿才这时又移情别恋上小姨子。曼桢一边读书，一边想着如何为姐姐分忧，拖延着与男友沈世钧的婚期，结果阴差阳错被沈父认出是曼璐的妹妹，一系列意想不到的事情发生后，导致了一系列的沉重打击。深受刺激的曼璐逐渐衰老，想通过借腹生子保全自己的婚姻。在她的帮助下，妹妹被自己的老公强奸，并顺利怀上了孩子。

囚禁了妹妹后，祝鸿才白白糟践了曼桢，依然时常出入花柳巷中，生活过得有滋有味。其实最可悲的还是姐姐，活在自己的内疚中不思悔改，直至去世才得以让妹妹脱离苦海。真相大白于天下，可是时光已经匆匆流逝，即便有恨也已经无力，即便有爱也已经无力。

这过去的十八载春秋，谁也说不出人生的际遇是错是对，也不知月夜下到底是谁装扮了谁的梦。但是这些人的不同遭遇，让人生有着追梦一样的感觉。当曼桢与心上人见面的那一刻，才知道彼此心里还牵挂着对方。"世钧，我们再也回不去了，回不去了。"张爱玲一改往常的笔法，着力在细节上下足功夫，不想小说的情节给人的感觉太过于真实，竟让许多读者信以为为真，把艺术作品当作新闻来读。结果有位读者与主人公曼桢的经历相似，始终就感觉作者在写自己的故事，想尽办法打听到张爱玲的住址后，先后多次找她想倾诉自己的心事，然而每次都是无功而返。由于见不到张爱玲本人，只能无助地坐在楼下大哭，哭声立即引来了不少人围观指点，烦得张茂渊实在没有了办法，只能下楼劝说。虽然这样很无奈，但姑姑却也折服于侄女的写作技法，竟是如此活灵活现。此事一时间成了佳话，张爱玲的住址为人所知后，又有人络绎不绝地前来，简直就是一道文化的景观。

生活是如此有趣而多彩，更多时候也让人哭笑不得。无论张爱玲想什么，这些都是她要去面对的事情。有时也会回想自己的过往，却始终没有人来关怀。考虑到这些，她在小说《十八春》单行本发行时，又特地将书名改为《半生缘》。

张爱玲是清醒的，她也永远不会让自己活在小说情节中。在夏衍的热心安排之下，她也想融入这样的社会变革中，跟随大家亲自到农村感受生活，几个月的苏北体验非常难忘，对于习惯城市生活的她来说，农村里的各种事都是新奇的，排队领粮时可以听各种家长里短，登记户口时能受到各家各户的问候。这些有趣全然胜过在家里的日子，让她很容易忘记很多不快。粗茶淡饭却很养人，心宽体胖情绪很好，这样的日子又有什么不好。

心情一好，笔下的文字就会源源不断。这时就有朋友悄悄问她："你会不会写文字反映无产阶级？"

"我哪里懂这些，要是写那些琐碎的家里事我会，但是像'纪念碑'一样的文字，我这可是叫我犯难呢。"习惯自由的张爱玲哪里受得了约束，一旦作品没有自己的个性存在，还不如不写这些。

《半生缘》又一次掀起了抢购热潮。这些证明了张爱玲的实力，也让她享受着收获的快感。《亦报》不愿失去这样的抢手作家，继续签约了她的小说《小艾》。这部小说主要写了佣人小艾的生活状态和人生感受。在别人眼中，她可以柔弱地接受命运的安排，可以忍受所有的人生屈辱，虽然她心中也有着恨，最终接受了疾病缠身的可悲命运。最不同的是，张爱玲给了小艾以爱这样的结局，和工人金槐结了婚，接受了他无微不至的关怀。这样一个光明而不现实的结局，一个生活在底层人命运的逆袭，可能是无意间的聊天得来，也可能是生活中的真实摹写，故事中可谓是悲喜同在，写下了她在这个社会变革中的所思所想。

一切的繁华过后都是沉寂，生命也不过如此。张爱玲淡然地面对着眼前这一切，似乎还没有从小艾的故事中醒来，在某种意义上，写惯了悲伤结局的她突然有所转变，让小艾的命运胜过了活守寡的姨太太。结局不管怎样改变，但都无法抹去她骨子里的冷漠。

按理说，经过一段时间的沉寂后，张爱玲又能心无旁骛面对所有荣耀，这样的大起大落于她而言，不过就是人生的四季，只要能恰到好处地把握当下。只不过谁也没有想到，就在无数的鲜花和赞誉纷纷抛向她时，张爱玲却又计划着新的出行。

她打算离开这个地方，就像敏感的蝉一样，只是这次不知是何种原因。消息一经传出，很多朋友立即好心过来询问，夏衍依然还在为张爱玲的事情筹划着，根本就不知道生活中发生的这些变故，随着上海电影剧本合作所的成立，张爱玲却无法前来出任编辑这一工作了。

面对所有的真诚挽留，张爱玲只想着能够快些地离去。

不管怎么说，她选择这样的华丽转身，只是想安稳地活着。

人生如梦

说到离去，不知这样算不算是逃避。

人生各种滋味都需要自己去体会，其中难免会有清远微凉，只是面对那些远去的如景繁华时，才明白人生也不过如此。时光一天天逝去，带走的还有最美的年华、最美的爱情……

当然，这些注定都会成为最美的风景，来点缀生命中的光彩。1952年7月，时年32岁的张爱玲还是离开了熟悉的上海，独自前往香港求学，去圆当年那因战争而破裂的梦想。匆匆而去的背影，让人看不出任何羁绊，让人无法知道她心里想的是什么。

离去是为了更好的生活，至于如何生活她却全然不知，而所有的问题，也被视为理所应当的宿命。"时代是仓促的，已经在破坏中，还有更大的破坏要来。"在这个问题上，张爱玲一直不愿顺从命运的安排，而是始终在不断地逃离，即便是局促不安的漂泊。

因这宿命，张爱玲在大起大落中生活了十年后，再次出现在香港这座城中，没有了枪炮下的紧张和不安，也没有了残破下的苍凉和凄惶，出现在眼前的是另一种不同的繁华，回忆顿时也带着绚丽的色彩，让人迷乱其中。"依旧有那么一刹那，我觉得温暖像潮水冲洗上来，最后一次在身上冲过。"举目无亲的孤独感，与这座富丽堂皇的城市对应着，让所有的无形都围绕在她身边。一个人行走在人群中，谁也看不到她无比痛苦的心境。读书不过就是借口，逃避才是目的，支撑着少得可怜的记忆。

十年生死两茫茫。此时再去追忆十年前的记忆，似乎还停留在昨天的萧索之中。当时她是那么留恋学校的生活，即便在防空掩体中也如饥似渴地读着书，只是占领了这座城市的侵略者，偏偏要驱散所有外来的人口，她知道回上海还不如委屈地留在这里，等到张爱玲十分不情愿地回到上海，满腹都是说不出的无奈。岁月就是如此造化弄人，既给了她落魄，也让她在上海滩创造出精彩纷呈。所有的不期而遇，让张爱玲又开始喜欢起这座城市来，尤其是和胡兰成喜结良缘后，她更是决心要长期在这里生活。

一切都在改变，恍然如梦的变化，让张爱玲越发地感到茫然，来香港不仅是大家不曾想过的事，就连她自己也没有考虑过。站在林立的高楼之间，生出的只是重重心事。都已经决定的事，说走就走吧，也没有什么好牵挂的人了。

上海，让张爱玲体味了各种荣誉和光环；上海，也让张爱玲感受了爱情的伤痛。留下来，就是浑浑噩噩地活着，和死掉没有什么区别。当海风带着细细的水汽扑面而来时，真的有种死里逃生的感觉，什么都不愿意去想，就那么趴在船舷上。海水是那么浩瀚平静，原来只有什么都不去考虑，心才是轻松的，心情才能澄澈。

所有的繁华过后是虚无。

在家的庇护下，张爱玲可以掩饰内心的伤痛，心无旁骛地写着自己的文字，文字架构下的故事可以是风轻云淡，可以是轻描淡写，可以是浓妆艳抹。每天里，她都是零零散散地收拾着行李，想从心里面一点点地割舍掉情感。姑姑不解，有时也会劝慰她留下来一起生活。张爱玲有时也会报以微笑，可是那笑中带着不易察觉的别离。等到真正要离开了，姑姑早已忍不住泪流满面，张爱玲却是不惊不诧，还上前抱这位胜过父母的姑姑，停顿半刻后又在她耳边说："从此一别，不再通信，不再联络，也不给彼此牵挂的念想。"这才是活得真实的张爱玲，用冷漠不断地拉开与亲人的距离。

忘记，真的那么容易就会忘记？长这么大，是姑姑一直在关爱和帮衬自己，纵然可以忘记全世界也不能忘记姑姑。姑姑也是个见过世面的人，她只是泪流满面不能自已，张爱玲怜爱地为她拭去泪水，一句话不说转身而去。去意已决，前面就算是悬崖百丈，她也不会有任何的顾虑了。想到这些时，她轻松地长舒了一口气，虽然带着咸味的海水飞溅在脸上、发梢上，让她感觉不到到底是海水还是泪。

看着张爱玲逐渐消失在风雨之中，开明大度的姑姑只能是无尽祝福，她从来没想过这个性的侄女还会离去，可她终究是无怨无悔远去了。几天后，弟弟来到姑姑家，无意间发现姐姐悄无声息不辞而别，就好像藏在树间的蝉瞬间挥翅飞走，突然不知道该和姑姑说些什么，只能站在姐姐先前住过的屋前发呆。太让人意外的决定，带来的只是无尽沉默，原本还有好多话要说给姐姐听。这些年，他过得并不怎么好，也换过不少工作，始终找不到那种感觉。姐姐如今这样一走，心里连倚靠的人都没有了。

还能说些什么呢，远去是对新生活的期盼，是对往事的挥别，今后只能是更多的惦念，希望她一切安好。

离去之前，张爱玲还特地去了一次西湖，也没有在意季节如何，在她的印象中，似乎只有这个地方可以盛下全部的情感。"雨心碎，风流泪，梦缠绵，情有远。"周围没有一个人，水在不断掀起着柔波，她绕着湖堤慢慢走着，想把看到的这一切都打包带走。苏堤、亭阁、断桥，树木丛中的雷峰塔，都是文人最喜欢的景物，让人生出无数的情怀，尤其是雷峰塔下流传的千古爱情故事，无一不在触动着她的情绪，也映着内心的忧伤。

西湖之行，或许是想求得清醒，重重心事只能让她越发地不解，无论是留下或离开。

香港复学的事情，进展比较顺利，等到重新步入大学校园，浓浓书香很快又感染心绪，仿佛来到了世外桃源中。四处是想象不到的静谧，没有了城市的压抑，花红柳绿也是默然不语，莘莘学子们穿梭其中，或树下独自读书，或三五成群交谈，心中自是一片惬意。校园生活让她很快就忘记了世俗的一切不快。那些天里，她反复在校园里转悠，来庆祝自己的重生，尤其是那些先前就很熟悉的地方，一遍遍地回忆着和同学们在一起的情景。等到满足了这些以后，她才把自己关在宿舍里，投入到忘情的写作中。

这样的生活让人羡慕，至少不用奔波在街巷吹风淋雨，同学们都很羡慕她这样的状态，成天里有着写不完的故事，她的名字为大家所知，却从来没有任何架子，让人感觉蛮好接触。原本平平淡淡的生活并没有持续太久，没有收入的现实让张爱玲陷入窘境。除了措手不及之外，又不能向亲人们开口，只能是日夜里发愁。老朋友吴锦庆太过于了解张爱玲性格，听说这消息后，即时就向香港大学推荐，文学院的贝查院长甚为开心，张罗各种关系为张爱玲申请奖学金，想尽快地帮她走出这困窘。

大家都很关心张爱玲，只是她并不知晓这些事情。从半山处望着这繁华的香港，张爱玲有些恨自己的冲动，感觉自己连如此小的城市都走不出去。她自然是心底不甘，为何这简单的平静都无法实现，生活怎么总是与人为难？

　　为了一日三餐，她也没有心思欣赏美好的校园生活，每天里只有不停地爬着格子，身边的其他事情都变得不再重要。一直不屈服命运的她，始终想着要努力在这里生活下去，可是坚持只换来了微不足道的收入。没有办法的情况下，张爱玲只得悻悻然搬离女青年会公寓，卑微地找了间小的连书桌都放不下的房间。艰苦的环境下，一切又再次复原，没有了那么多的烦躁不安。为了写作，她想办法趴在床边，用不同的故事来丰满生活情趣。幸福不就是这样吗，只有自己感到开心就好。也正是如此，她对自己居住的每处地方都无法真正喜欢，从内心里不把它们当作家，也不去添置任何家具，只要"一添置了这些东西，就仿佛生了根"。这样的有意为之，让她变得相对平和，让她开心面对生活中的所有烦琐。

　　只是想逃避，便到学校里安心学习，不愿面对以往的事和人，这本是顺理成章的事情，现在却要成日里为着生计发愁。张爱玲自是不愿去面对，太多的困惑缠绕着她，何去何从又成了当前最大的事情。关键的时候，炎樱写信邀请她去日本创业，做些自己喜欢的事情。一切都没有头绪，似乎这时候也无法拒绝，她现在说话连底气都没有，只好主动放弃学习，开始盘算着去日本做些什么。

　　命运简直就是个喜欢恶作剧的坏孩子，让张爱玲又一次感受到了无常。十年前，她是冒着炮火也想留下来。十年后，她无望地望着灯红酒绿只想赶紧离去。一旦心无法静下来，所有的不快都会蜂拥而至。一座城市顿时生出了两种心境，即对命运困顿的无力、对人生无奈的渴望。个性的张爱玲彻底将香港看透了，她终于感觉到这座城市并不属于自己。由心而起的悲伤，反复提醒着她离开这座城市。既然逃不出悲伤的色彩，那么就在这种苍凉的味道中退学吧？刚坚持了不到一个学期的学业就这样中断了，而贝院长和吴锦庆却还在为她的奖学金在四处奔波。

各种意想不到的事情都出现了，也超出了她的想象，让她变得无所适从。打算来香港复读前，也是反复地想过各方面的问题，现在的困窘让她不愿放弃一切机会，炎樱的邀请还是让张爱玲看到了一线生机，虽然习惯了冷漠稳重，可动心总是难免的，只不过给了自己一个可以接受的理由，就是采取卜卦方式来决定去留。这方法固然不错，也促使她最终匆匆去往东京，那一路上生出的都是希望，都是活下去的梦想。张爱玲就是这样的随意性格，想在走投无路的情况下为自己盘活生机，尽快结束掉这样的漂泊，求得一丝安稳。

　　和炎樱见面后，自有一番说不出的感动，觉着这世间只有朋友才会有牢不可破的关系。然而好心并没有帮到张爱玲，就似乎进入了坏运气的怪圈中，一次又一次地碰壁，又说不出任何抱怨的话来。彼此都因为这些事纠结尴尬，到头来只能重回香港。

　　权当这是生命的悲哀吧，所有的压力都无情地打压着她。只有文字能带来温暖，让她在这样的温暖中独自安慰，所以她不顾一切地写作，想写出人间的悲凉，写出生活的颓废。

　　短暂地离去之后，不愿见到的香港又得面对。香港是一如之前那么忙碌、紧张。看到这些，她却找不到丝毫的立身之所，甚至连叹气的机会都没有，因为生计问题是那么的刻不容缓。也许是天不愿绝张爱玲，她无意在报刊上见到一则美国驻香港总领事馆新闻处的公告，大意是征集海明威《老人与海》的中文翻译人。看着待遇不错，张爱玲也参加了面试。当她用纯正腔调对答如流地回答评委的问题时，还是让在座的人刮目相看，负责人宋淇对这位应聘者记忆很深，也很快打听清楚了她的背景。

　　宋淇人不错，这些年在美新处工作也是得心应手。之所以对张爱玲感兴趣，是因为他也是文学爱好者、红学研究者，非常喜欢中国古典文学。无意间发现了这样的共同爱好，促使着他们不断接近、信任，宋淇还把夫人介绍给了张爱玲。此后的日子，宋氏夫妇一直心甘情愿地帮助着她，彼此很好地相处着。

在文坛，张爱玲的光芒四射，谁也无法抹杀。宋淇夫妇还是她的粉丝，大家因为工作关系逐渐熟悉起来，有时也让她讲"倾国倾城"的过去，可张爱玲还是生冷着面孔，不愿再提起以前的辉煌，如此破落状态还有什么好说的？过往的那些事，包括不堪一提的爱情，她全部都忘在了脑后，再也不去想起。她的全部向往和梦想都重重地与文学系在了一起。

为了这些养家糊口的钱，张爱玲很快就进入工作状态，她全身心地投入一系列的美国文学翻译工作中。"我逼着自己译爱默生，实在没办法。即使是关于牙医的书，我也会照样硬着头皮去做的。译华盛顿·欧文的小说，好像同自己不喜欢的人说话，无可奈何地，逃又逃不掉。"这些工作虽然有很多约束，好在张爱玲文学基础扎实，做起来也是游刃有余，随着《无头骑士》《老人与海》经典文学名著的译成，她既满足了文学作品的阅读，也让自己的口袋逐渐鼓了起来。

作为一个习惯了自我的人，张爱玲更喜欢天马行空地做自己的事情，翻译这些外国文学作品，自然是极其排斥，至少没有那么多的激情。现在这些事情更多是为了生活，才不断地欺骗着自己去做。和其他人比起来，张爱玲又让人不可思议，能够把这些无聊的工作干到极致。

哪里还会想求学？这个社会，让人疯狂的不是都市的景致，而是没有钱的生活。回头去想，先前所经历的那些都是浮云，什么也没有抓住，反而留下了累累伤痕。想归想，她在短暂的消极之后还得面对，生活是有趣的，不能因为生活落魄就失去了内在的情趣。无论如何，喜欢的读书、品茶、外出旅途等，又开始一个不落地出现在生活中，张爱玲就是这样，她必须让自己活得富足。翻译文学作品之际，她又开始写起了《小儿女》《南北喜相逢》的剧本。

张爱玲对外界需求越发少，而在外人眼里她活得更纯粹。很快就在这群人中脱颖而出，受到处长理查德·麦卡锡的关注。麦卡锡毕业于美国爱荷华大学，先后在中国香港、泰国、越南等地任职，可谓是地地道道的中国通，看着这位员工如此优秀，不由有了结识她的想法，没想到从此结下很好的私交。

文字的诱惑让张爱玲深陷其中不能自拔。可要在三个月内完成一部长篇小说，自然绝非易事。无论从构思上，还是写作技巧创新上，《赤地之恋》需要嵌入的元素很多。既然答应了下来，就得努力做好这件事情，谁也不能奈何人生中的各种变故，更不要说称心如意了，让人感觉选择竟然这么难。

创作还算顺利，《秧歌》和《赤地之恋》两部反映中国农村土地改革的小说，很快就刊发在了《今日世界》杂志，一时间又是洛阳纸贵，麦卡锡更是十分着迷："这本动人的书，作者的第一次英文创作，所显示出的熟练英文技巧，使我们生下来就会英文的，也感到羡慕。"宋淇夫妇看过了那充满着情绪的文字后，也对故乡深怀思念。所有这些人间的浮华，已经很难触动张爱玲的内心了。通过这次的英文创作，她的创作也发生着很大的变化，更少了先前艳丽的文字，更多了文字内容的深刻。

除了这些还能在乎什么？张爱玲实际上已经很无奈了。

望洋兴叹

面对人生的无奈，张爱玲安然接受了孤灯下的寂寞。

可是有什么办法，她实在是太喜欢这样的环境了，用文字的安之若素来抵挡岁月无情。"生活自有它的花纹，我们只能描摹。"无论如何，张爱玲还是牢牢地抓住了香港的时光，在这三年中实现了创作的第二次高峰。每每想起那独处一室的感觉时，恍然有种归隐山林的感觉，无忧无虑地置身于山岩边的茅草蓬、小岛上的庙宇中。一个人的感觉是非常美妙的，人这时候也活得非常真实，可以什么都不用管，有时还要胜过校园时光。宋淇夫妇经常来看望她，并对她的创作不时夸赞。"写完一章便开心，恨不得立刻打电话告诉你们，但那时天还没有亮，不便扰人清梦。可惜开心一会就过去了，只得逼着自己开始写新的一章。"似乎这才是人生的意义和价值所在，真愿意就这样老去。

人生难免会有很多梦想，张爱玲只是单纯地写着。等到她的两部英文作品出版问世，《纽约时报》首先刊发评论，《星期六文学评论》《先驱论坛报》等专业报刊也紧随其后，一时间就在美国炒得火热。这样的场面毕竟经历过不少，要说熟视无睹也罢，毕竟只是一个阶段又结束了，张爱玲淡然地面对着这一切。国内也是议论纷纷，但更多的不是赞扬，而是对这些作品进行批判，这完全超出了她的想象。

实在不知道说什么才好，但小说毕竟完成了，自然少不了张爱玲下功夫。这些故事有着很强的戏剧性，在艺术手法上也很讲究，尤其细节的表现，很快就让读者代入到当时的环境中，一个是有所想而不得，一个是梦想无情破灭，最终造成了家庭的悲剧。为了能让作品受读者欢迎，张爱玲又进行了多次修改，本以为完美的作品却受到了指责，甚至没想到会和反华政治牵连在一起。

好在张爱玲身边有不少文友，可以接受她的牢骚。她就曾对美国诗人瑞菏一顿劈头盖脸："我在上海沦陷的时期写作，战争结束，我变成了一个汉奸！到了香港，我想写我在中国新社会建立之后所见到的一些事，评论把它论成反共文学！这是恭维，我不能出声，或者，我不能写超过我自身感受的事，即使我知道他们希望我做什么，那真是很痛苦，我没有美国梦，我对任何主义都没有好感！"这些怨言完全在情理之中，她从来不涉及政治，之所以会碰到这样事情，完全是因为她太过于性情。张爱玲只是一个文学爱好者，她对文字的感情深深地铭刻于内心，这些文字只是书写着自我的感受，"……只是在当时，新中国成立之时，这两部小说就未免显得过分地刺眼了。由此看来，蒙在这两部小说之上的这层迷雾，同样只能看作是当时东西方冷战的结果"。现在看来，不论如何评价张爱玲这个人，她的创作只是低着头在满足自己而已，被人指责为"绿背小说家"也在情理之中。

面对种种斥责和评论，张爱玲真是有口难辩，不知该说些什么才好。原本只是写着风花雪月的故事，来满足都市人的空虚，现在却无意中碰了壁。想来想去，伏案给胡适先生写了一封长信，同时还附寄去新作《秧歌》。

综观中国文化圈子，胡适是一座无法逾越的高峰。张爱玲和胡适素未谋面，但自小却对胡适这人不陌生，这些都是因为文字结下的缘分。就是古板的父亲，他的书桌前经常摆放着一套《胡适文存》。后来又陆续读到了《海上花》《醒世姻缘传》等作品，那一段时间痴迷其中不能自拔，反复读了好几遍，就是香港遭到炮火攻击时，也是孜孜不倦地读着，根本就不在乎身边的环境。

以前这些事情又浮现在眼前，让他想起了胡适先生别具一格的考证。同样一本书，表现出的观点却是大为不同。"请原谅我这样冒昧的写信来。很久以前我读到您的《醒世姻缘传》与《海上花》的考证，印象非常深，后来找了这两部小说来看，这些年来，前后不知看了多少遍，自己以为得到不少益处。我希望您肯看一遍《秧歌》。假试您认为稍稍有一点接近'平淡而近自然'的境界，那我就太高兴了……"这样的文字，有着敬重，也不失自信。当然，她更期望能得到先生的回复，即便全部是批评也无所谓。

胡适先生很快回了信，并对她的作品大加赞赏。"你这本《秧歌》，我仔细看了两遍，我很高兴能看见这本很有文学价值的作品。你自己说的'有一点接近平淡而近自然的价值'，我认为你在这个方面已做到了很成功的地步。"彼此不熟悉，张爱玲读到这里时心中已经乐开了花。面对书上的圈圈点点，又忍不住再次写下自己的感触和想法。因为一本书，结下了一段忘年交，从此就开始了书信往来，也不去在乎别人说些什么了。

诸多不得意，自是每个人的在所难免，让生命之花渐渐枯萎败落。此情此景，让彷徨中的张爱玲进退两难，唯一能想到的是躲避。毫无疑问，这样的态度就是特立独行。离去前的那些日子，似乎有很多的伤感，密密地环绕着她。无论是香港还是上海，注定只能成为记忆深处的梦想。

没办法，张爱玲就是这样一个人，很少接受别人的帮助。熟悉的地方成了刻骨铭心，而她也让人感觉特别地格格不入。"我是一个古怪的女孩。从小被目为天才，除了发展我的天才外别无生存的目标。然而，当童年的狂想逐渐褪色的时候，我发现我除了天才的梦之外一无所有——所有的只是天才的乖僻缺点。世人原谅瓦格涅的疏狂，可是他们不会原谅我。"熟悉张爱玲的人都理解，好多时候也会迁就她的所作所为。这样的好友不多，比如炎樱、宋淇夫妇，但他们都情愿去帮她，仿佛那就是自己的使命所在。

无疑，张爱玲的天才梦想是单纯的，而她始终也没有放弃过。早早出名的想法，完全是依托着文字来实现的。细细分析，她出版的作品中主要写上海和香港，"是一个华美的但是悲哀的城"，都在慢慢地深入骨髓之中。这在《茉莉香片》中表现如此，在《沉香屑·第一炉香》《沉香屑：第二炉香》《倾城之恋》中也有着这样的影子。两座不同的城市，都孕育着相同的纸醉金迷，都在张爱玲的笔下表现得细腻、忧郁、自信、快乐。细节的表现，让她更加钟情于上海这座城市，更加清晰地看透香港的繁华，实际上是向上海"借"来的。这想法颇有意思，却也代表着她内心的真实想法。这些年，穿梭于两座城市之间，见惯了人间的困苦，领略了人间的悲哀，到头来写的好像就是自己。

正在犯难之际，美国政府突然在1953年推出了一项法令，吸纳和鼓励有专业特长的外国人前来落户。虽然远东地区只有区区两千人的指标，但这消息确实让人激动不已，对张爱玲来说，她又从无比的压抑中看到了希望，不想错过这个机会，几乎没有考虑就找到麦卡锡，径直说明自己的想法。对方早有此意，毫不犹豫为她申请美国国籍担保。为让这件事万无一失，胡适先生也给予了不少帮助，让申请很快通过。

手持绿卡那刻，张爱玲又有些后悔起来，不知这样离去到底为了什么，只觉着太多苍凉感由心涌起。就在此前，她还对香港心存芥蒂，突然要离开了，又有着许多不舍。

已经是晚秋时节，温热的风吹来，而后又觉着有些潮冷。张爱玲贪恋地看着眼前这一切，就像当年行走过西湖一样。身着精致的旗袍，人也显得更为优雅，淡色的小花图案来回摆动着，映衬着凹凸有致的身材。一个人行走在夕阳下，没有人知道她想着什么，自然也没有人去关注她。

也不知道，每个人能否成为生命的独特风景，"淡蓝色的充满着烟愁的海，还有那茵茵得化不开的雾"。同样是看海，每次的心情却大为不同，从船上看海，那扑面而来的腥味中，有着浓得无法化开的纠结，或许是留恋，或许是不舍，或许是伤感。可真正行走在沙滩时，这样的感觉又大为不同，看着身边那些人开心的模样，连自己的心情都要感化了。默默往前走着，无味中有着乐趣，无聊中有着开怀，似乎一切都距离她很遥远。

虽然遥远，但有着太多留恋，即便人生只是一场华丽的梦想。海水不打停地拍打着脚面，就像在装扮着梦想，虽然短暂得让人还没有来得及浮想。是啊，什么也记不住，可真正能记住的又该是什么呢？是悲伤还是无助？是不幸还是疏离？

1955年11月上旬，张爱玲又开始一个人出行了，执意离开这人生的"福地"。"想做什么，立刻去做，都许来不及了，'人'是最拿不准的东西。"这些年来，她的性格没有丝毫改变，依然是那么我行我素。没办法，写尽了人生的悲欢离合，没想到留给自己的却是离别。当张爱玲拎着行李走向克利夫兰总统号游轮时，完全是被混杂的人群推着前进的。她似乎还没有看够这座城市，也不想让自己的梦就这样破碎。汽笛拉响，海风拂面，不管她心里如何作想，眼角残存的泪滴都映出诸多不舍。还是那些熟悉的场景，到处都是告别的人，一双双手不停地摇摆着，张爱玲冷漠地看着这些，从晃动的人影中依稀看到宋淇夫妇逐渐变小，小得无法看见，她知道一切都要远去了。

无论如何，张爱玲的不俗才情让人称奇，她生花的笔端下源源不断地书写着这座城市，真正要在打击中被迫离去时，才知道这城市根本就不会宽容和迁就她。生活是如此无趣，与想象中截然不同，给人的感觉就像活在梦境中。

岁月只不过是人生的背影，流转不定的却是记忆。离去时的那些行李，实际上还没有梦想多彩，想起来全是一系列的悲喜交错。就如同《秧歌》等作品，虽然是用了很多心力完成的，可最终还是成了败笔，无论她是否愿意承担"骂名"，香港的"滑铁卢"就是她文学创作上无法抹去的硬伤。

越发喜欢夜深人静了，周围没有一个人来打扰，也不用去考虑太多事情，可以一直盯着窗外发呆。"太喜欢这城市，兼有西湖山水的紧凑与青岛的整洁，而又是离本土最近的唐人街。有些古中国的一鳞半爪给保存了下来，唯其近，没有失真，不像海外的唐人街。"喜欢是爱的基础，张爱玲先后几次来到香港，多少也是和这座城市有缘分的，尤其是当一切不美好都深藏在夜色中时。只是现在，她必须要离去了。

离去的不止是身影，还有以往的熟悉。当梦一样的生活神奇幻灭之际，留下的却是琢磨不定的命运。"去英国的签证很难拿到，况且她也没有生存来源"，综合各方面原因，张爱玲最终放弃了投奔母亲，在麦卡锡的担保下去了美国。风雨路上，永远都有着太多的未知。她一直为活着和安稳而努力着，但所有喜欢和爱着张爱玲的人，却静心屏息地等待着她的华丽绽放。被人牵挂是幸福的，张爱玲也不想辜负大家的厚爱。

生活就是这样，负重前行总会拖累前进的步伐。只有恰到好处地放下，才能让自己行得更远。

第六章　风雨流年

爱口识羞

对张爱玲来说，心安处即是故乡，能够安稳地活着就很满足了。可是自从来到这陌生的国度后，要做的事情实在太多，几乎要让人乱成一团麻。

1956年3月，为能尽快解决生计问题，张爱玲最终决定离开纽约市区的女子写作营，一路颠簸到新罕什尔州的彼得伯勒。这里有一处被称为麦克道威尔文艺营的地方。远远看去，这地方没什么让人惊叹之处，步入其中却发现生机勃勃。这是一处以美国作曲家麦克道威尔命名的艺术社团，遗孀玛琳·麦克道威尔为了纪念他，于1907年设立了该艺术社团，通过推荐、自荐等方式，可以为有才华的艺术家们免费提供三个月的食宿进行创作。为了解决生计，张爱玲也在麦卡锡等人的推荐下通过申请，来到了文艺营，利用三个月的时间，在这里完成第二部英文小说

《粉泪》的创作。

车向前行驶着，不断刮起散落在地上的枯叶，苍凉和忧伤都随风散去。雪的痕迹还到处残留着，在一盏盏灯光的映照下，分明就像陈年往事的补丁。唯有这由远至近的光，带给人以温暖和遐想。

文艺营里的生活很有规律，每天的早餐供应结束后，大家便在工作室内进行创作，到了午餐时间，服务生就会按时将食物放在每个工作室门口的小篮子里，这样避免贸然打断创作的进程和思路。到了下午四点的自由活动时间，彼此才会聚在一起放松精神，在一起谈天说地、谈古论今。张爱玲总算又可以心平气和地书写着文字、架构故事，暂时不再为每天的吃饭发愁。在这些人群中，无论是进餐还是叙话，她都表现得十分得体到位，展现着东方女子的庄重之美，成了大家关注的焦点。

如果不是上天安排好的机遇，那只能认为这是人生的巧合，人生地不熟的张爱玲刚来到文艺营，便在无意中结识了剧作家赖雅，没想到俩人交谈默契，情趣甚为相投。

说起赖雅这人挺有个性，他本是德国移民的后裔，17岁时就读宾夕法尼亚州立大学文学专业，随后又考入哈佛大学攻读硕士，毕业之后去了麻省理工学院任教。平日里风趣幽默，不拘小节，有着十足的男人味道。由于天生就有着流浪者的基因，随着他创作的诗剧不断受到好评，干脆辞去了教书的工作成为自由撰稿人，全身心都投入到创作中。赖雅的这一切都顺风顺水，已经在好莱坞的圈子里小有名气，却没料到超人才华被其享乐的性格打败，先是协议离婚，又因为两次中风，以至很长时间内没有新作出版问世。这样的销声匿迹也使他迫于生计，只好申请来到了文艺营。

不期而遇的相识，被命运奇妙地安排到了一起。同样的寂寞，是引燃两个孤独者的导火索，一步一步将张爱玲置于奇妙的境地，就像一个回家的游子，突然发现了远处有袅袅炊烟。更多的喜悦后面，无疑又合乎张爱玲现世安稳的愿望。

如果没有记错时间的话，那天是 3 月 13 日。

几天之后，一场不期而至的风雪到来了。屋外是满天风雪，屋内是热火朝天。兴致勃勃的艺术家们纷纷相约到大厅中喝酒、谈天，任由咖啡的香气遍布全身。敏感的张爱玲谈着文学，还在听赖雅谈着他以往冒险的各种经历，心中全然接纳了这个满眼闪烁着安全感的男人。正如《倾城之恋》中的徐太太一样，"找事，却是假的，还是找个人是真的"。现在想想，谈文艺说故事，其实都是为私下交流找说辞，为进入对方的内心创造着机遇。

十分融洽的接触，于无形中弥补彼此闪电式的相处，仿佛与年轻时的恋爱如出一辙。张爱玲思虑再三后，决定将自己的小说《秧歌》让其指点一二。接到稿件那一刻，这位风月场的老手已懂得了东方人内在的含蓄，他先是从结构、故事情节方面给予建议，接着又以情人的浪漫，誉其貌美，以父亲的慈爱，赞其文字。一句句话语竟然如同魔咒，让眼前这位奇女子神魂颠倒，俯首倾听。钱钟书老先生说，男女的爱情通常都是由借书开始，而这部书稿，自然就成了开启彼此心房的钥匙。张爱玲没有多加考虑，心甘情愿地投入无比蛊惑的迷乱中。

这种对文字的自我坚守，是她人生态度的真实写照。这个世界上，张爱玲是一个可以冷落爱人、放弃亲情、击碎友情、怀疑自己的人，而对于文字的执着和自信，根本容不得他人有丝毫的怀疑。赖雅深知这些，以他多情的人生过往，诱惑 36 岁的张爱玲还是绰绰有余。共同的爱好，和着红茶的清香，从而营造出暂时的快乐，足以让两人执手相谈文字，诉真情、定终身。

一生也是阅人无数，张爱玲面对这位老男人时无法冷静了，如同小孩子一样，富于表情的脸上满是惊诧，似乎只有以身相许才能稍感安稳。同是天涯沦落人的经历，让张爱玲在爱情枯萎许久之后，又开始春心萌动。如果说，恋爱的女人智商为零，此时这样说张爱玲也不为过。在《小团圆》中，燕山曾对盛九莉说："你大概是喜欢老的人。"其实老没什么，只要可以依赖。盛九莉没有回答，只是在心里掠过这样的话："至少他们生活过。"张爱玲和盛九莉的心思相同，不愿意去追寻名誉、地位、身份、金钱，她们要的只是人与人之间的依偎。

他无拘无束、侃侃而谈，却让张爱玲有了意外的感觉，觉着他就是生长在悬崖上的劲松，在生机勃勃中带着不惧困难的挑战，不仅能带来战胜困境的力量，又可以让人享受到安全的呵护。这样的男人，其实最容易让女人心动、上瘾，尤其又是张爱玲这样不安分的人，虽然害怕受伤却又渴望爱情，虽然隐藏内心却又芳心撩人。现在，她又想不顾一切地投入进来。

日子似乎过得很快，在这个独处一隅的世界里，意外的温暖让这两个人感动了，而这种关系也出乎了彼此的意料。之前所有的矜持不见了，已然成为心情激荡下的飞扬。短短两月的接触，他们谈文学、谈人生、谈天上人间，反正谈什么都是那么默契。这种相逢何必曾相识的感觉，让他们等待着一份未曾言说的爱恋，很快就变成了烛光下的浪漫。彼此都禁不住眉来眼去的撩拨，很快就有了你情我愿的鱼水之欢，私下里的同房之好自然愉悦。这股无形动力更多带着无法看清的冒险，却也促使着张爱玲在创作中激情满满，很快就完成了小说《粉泪》。

私下接触的新鲜期才开始，而赖雅在文艺营居住的期限就到了。在申请无果的情况下，他只能带着哀怨和不满，前往纽约州北部的耶多文艺营。张爱玲不知道自己如何去火车站送别的，难分难舍中她还是向赖雅坦白了自己想结婚的念头，并送了一些钱给赖雅。事到如此，感动至极的赖雅也只能如实相告，这样的感情不带有任何婚姻的念头，根本无法保证彼此以后的幸福。从这点来看，这位花甲老人倒也不怎么赖，不是那种风流过后就撒手不管的人。

那天分手之际，他也对张爱玲许下承诺。因为他知道，眼前这位东方美女不是随便的人。怎么去认定一个人随便或者不随便呢？自然是通过各种各样的事情。可在情感面前，张爱玲从来都是悲哀着身影，被动着情绪，从来都是慌乱着章法。她当下的情形就像一片极其干涸的土地，需要雨露的恩泽。没办法，谁让他是如此懂得她的文学呢？假设文学是张爱玲的命门，那么懂得就是去除她心病的药；假设文学是张爱玲的皈依，那么懂得就是引领她前行的心经。只有懂得的人才会知道，文学永远都是张爱玲与人相处的最好途径。所以在文艺营初见赖雅，这位如同一杯老酒的男人，让她尘封已久的心开始醉了。

执子之手，与子偕老。从此，65 岁的赖雅与 36 岁的张爱玲开始了浪漫的两地书信，这些信件是有意思的，带着彼此的用心和情感，而信中自是缠绵无尽，也弥漫着文艺气息。这样的交流和沟通中，日子过得很单纯，也很快乐。当中西方文化在你情我爱的氛围中相互碰撞时，爱情就悄无声息地来临了。在文艺营居住的日子很快结束，张爱玲又碰到了件烦心事，她无意中发现自己有了身孕，她只能想办法继续留下来，而递交给文艺营的申请，一时半会儿又没有任何音讯。

作为上天赐予的意外礼物，孩子原本就是彼此新生活的希望，可这个意外的消息让张爱玲始终无法高兴起来，她在信中一次又一次地忧虑着，好在赖雅每次都会及时回信予以安慰，想方设法帮她消除掉内心莫名的惧怕，又在经过慎重的考虑后，寄出了一封求婚信，表示要生生世世和她生活在一起。这才让心情凌乱的张爱玲心中又漾起了一丝喜悦。

或许是和年龄有关，赖雅喜欢乡村小镇的宁静，那里充满着自由自在；张爱玲乐意居住在繁华的城市，可以彰显随心所欲。只是这个孩子此时不合时宜的出现，无意地惊醒了彼此安逸的生活现状，硬将两人生活现状予以打破，被活活地捆绑在一起，或许真的是应验了那句话：世事叵测，朝暮无常，只是我们都没相信，有一天会殊途同归。

几天后，俩人在耶多城区的一家小酒馆见了面，就孩子和婚姻的问题进行了讨论。任何条件都可以答应，只是赖雅始终坚持着不要孩子，而张爱玲考虑到生活和经济，也愉快地答应打掉这个孩子。

等到第二天下午时分，这家小酒馆开始热闹起来，以往的西部风格突然看不到了，取而代之的是一片喜庆氛围。到了晚上，人渐渐多起来，在酒杯的碰撞中愈显热闹。就见赖雅起身朝着舞台中央走去，大家很快让出了一条通道，依然不忘用热情烘托气氛。到了舞台中央，他从兜里掏出一杯戒指，灯光的照耀下熠熠生辉着，然后毫不犹豫地单膝跪在地上，开口向张爱玲求婚，一时间越发喧闹起来，还有人发出尖利刺耳的声音。

此时的祝福，如同酒杯中的酒水一样，不断地飞溅出来，和着无比开心的笑容。张爱玲又一次变得幸福起来，她完全忘记了之前的种种不幸，人生本就这样，为何不抓紧开心呢？

想到这里，她赶紧回转心绪扶起赖雅，然后就在大家的簇拥下拥抱在一起。那一刻，张爱玲又真真切切地感受到了爱的力量，真想这样一直抱着不再松开。爱情永远都是这样的美好，美得让人不忍松开手臂。

相处的时光总是短暂，然后就要开始面对生计和孩子的问题。依依惜别之际，赖雅又再次提到了孩子的事情，他几乎用不屑一顾的口气说孩子的事情，并且把即将问世的孩子称为"小东西"。

"现在我们生孩子有什么用？我不知道有什么用，这小东西生出来就是死亡。"

"我也这样认为。"

只是不知道张爱玲是在附和，还是她真的不喜欢孩子。在对待孩子这个问题上，他们的意见是出乎意料的一致。其实，也不难理解，在经受了一次次的伤害后，大龄的张爱玲也从心底生出来恐惧，对，就是恐惧生育。而有着大男子主义的赖雅，因为已经有孩子，所以一直不停地催促张爱玲，让她尽快地去医院进行检查，并将检查后的结果写信告诉他。听了这些话，张爱玲内心更加坚定了尽快打掉孩子的想法。

"彼此精力实在有限，活着的时间其实也很有限，可是要做的事情总是那么多，多得让人喘不过气，凭什么我们要大量制造一批迟早要淘汰的废物呢？"

"是的。"

"早些把这些小东西做掉，两个人的生活才是美好且快乐的。"赖雅说这些话的时候，他更多是考虑到自己的经济能力，张爱玲纵然有千万般的能力，又能够怎么样呢，生活已经非常拮据了，吃住都是问题，就像是破了洞的内衣，别人虽然看不到，可是他们自己太清楚了，这个时候再添个累赘，实在是要人命的事情。更何况，现在要抓紧时间享受新婚的快乐，享受已经成了他们生命中的根本，哪会有时间去考虑孩子的事情呢？等到以后再说孩子吧！确实，在张爱玲的心目中，要孩子并非大事，只有婚姻和写作才是最重要的。

现在想想，这世间的事情根本无所谓对错，只有愿不愿意去做，尤其是在孩子这件事情上，完全是出乎意料的快，快得让人不可思议，快得似乎就像什么事情也没有发生过一样。

没过几天，张爱玲就去了医院，然后如同卸掉了一身重负出来了。本就是个小手术，速度很快，面对着美好的阳光照耀，她彻底忘记了刚才的痛彻心扉，又想着和老公赖雅如何在一起欢娱。赖雅也想不了那么多，生命匆匆，需要及时行乐，也就没有关切地让张爱玲卧床休息，而是马不停蹄地带她四处参观、兜风。到了晚上就更美好了，即便是简单的饭菜，也能视为丰富的佳肴，一起喝酒、一起读书、一起相拥而睡，一切都幻化为美不胜收的虚妄。

在他们的眼里，生活原本就是如此，被遮掩的幸福永远都来得这么快，快得让人有些眼花缭乱。

只是夜深人静之际，听着赖雅在满足中睡去时，她才有时间从脑海中掠过手术时的种种后怕。在《小团圆》一书中，她也提及了这件事。惊骇自是少不了的，虽然生命中还有过胡兰成、桑弧这些人，但这样的神奇孕育经历却不曾有过，也许以后也不希望再有。张爱玲就是如此决绝，孩子注定不会有了，而她也注定不会再要了。

如果说，生命是神奇的，那么孩子的出现，确实给她带来了惊喜，但也带来了许多烦恼与恐惧，无论如何，她真正地体验了一回做女人的感受，而这是一个女人完整的必然经历，可她似乎又有着太多的不完整，这就是所谓的困惑，让人实在无法想清楚。

这次的意外，让相处至深的夏志清对此颇有成见，他将所有不快全都抱怨在赖雅身上。这样的心情确实可以理解，"孩子对女人就像生命一样重要啊，张爱玲流产后真正是枯萎了！如果她有了一男半女，在以后寡居几十年中会给她带来多大的欣慰和快乐啊！"说得确实没错，倘若是从人性的角度来看，赖雅和张爱玲在这件事上着实自私自利，只是一味地满足于器官的需要，却不愿意在晚年承担抚养孩子的责任，而这也导致了张爱玲终生膝下无儿无女。

又是一夜的狂欢之后，张爱玲这才满足地离开了。生活困顿的赖雅拿不出任何礼物送她，反而又心安理得地接受了她三百美元的支票，这样的场景也不是一次两次，所以也就无所谓了，反正之前也是这样，每次都是赖雅在接受着馈赠。其实，张爱玲已没有了以前的万千风光，她现在每开销一分钱都仔细盘算，可她偏偏要以这样的爱来接济他、安慰他，只是不知赖雅会有何感想。细虑过往，父亲残暴的记忆，以及此前受到的种种伤害，使张爱玲一直都在渴望着能拥有最为平实的呵护，现在她在赖雅身上找到了。

两地恋情，似乎已成了张爱玲的命中注定。除了遥遥相望之外，更多的就是对爱情的憧憬。真的是不敢想象，一个受过爱情伤害的人，会再次奋不顾身地投入到爱情中，会是什么样的感觉？也有学者研究，说张爱玲为尽快找到依靠立足之处，才迫不得已委身于他，至于什么原因已无法考证，只是这男人有什么值得炫耀的资产？现在看来，定是那放荡不羁的背影和胸怀中，弥散着太多浓浓的父爱，否则又怎么会打动她冷漠的心呢？

喜悦会掩盖所有的苍白，也会为不期而至的欢庆埋下伏笔，因为谁也不知道前方路上会有什么？

既然已经做出了选择，只能是坚持着走下去。张爱玲几乎要把所有的爱都送给赖雅，而她自己漂泊了这么多年后，完全就是一根缠绕大树的藤，只是想紧紧依附这生命的力量。赖雅的爱是那么不起眼，当然也同他的年龄相关，但要结束自由自在的生活，赖雅更习惯一个人无拘无束地活着，不去考虑以后的生计，而飘忽不定的生活，又怎么能够为张爱玲提供遮风挡雨的保障呢？可谁都不愿意去思虑，只是凭借着冲动时的念头，来暂时掩藏巨大的生活压力。

无论是命运的安排，还是生活无情的捉弄，经济上的窘状是张爱玲一时无法解决的，年龄不济、又无积蓄，一系列的矛盾随时在等待着爆发。唯一欣慰的是，两颗太多坎坷遭遇的心在这样的幸福中，又重新感受到了平静的爱。

眼下这些状况，只能勉强维持生计。没有什么好准备的，张爱玲就这样匆匆步入人生的另一个春天。

生活虽然简单平凡，此刻却开心不已，好久都没有这样激动了，只是这好消息又不知该说给谁听。这些年的东奔西走，早已淡漠了许多人情世故，难得有这样的机缘，让生命再次在异国他乡绽放。曾经死去的爱在慢慢复活，所有的无助也不再孤单，所有的牵挂终于结束了。爱来得如此之快，根本不知道如何选择才好，也顾不得那么多了，只想陶醉在生命的喜悦中。

无论如何这也是人生中难得的仪式，可张爱玲一次次的婚礼，都是那么简朴，真不知道她是如何作想的，也不明白这个倾国倾城的张爱玲又是如何心甘情愿地接受。面对紧张筹备中的婚礼，张爱玲用心考虑着每个环节，生怕会遗漏些什么。她其实是个要求很高的人，尤其是对于自己的爱情。可是又有什么好准备的呢？现在想想，这样的开心算不算是欺骗，用美丽的肥皂泡来满足着自己对爱情的执着。

还能去想些什么呢？所有的过往，都是生命中无法言说的阵痛，她无论如何也不愿去想。

繁华尽处

爱情无关乎贫富和年龄，所有的差距都不会影响一对新人的完美结合。就人生过程而言，一切生命里要来的都会到来，即便想避免也不会有好的办法。不管怎么说，这是张爱玲最好的时光，一切都是那么的安稳。对男女爱情的论述也是颇为精辟："一个人如果没空，那是因为他不想有空，一个人如果走不开，那是因为不想走开，一个人对人借口太多，那是因为不想在乎。"恍若预言的文字中，写下了她难得的心绪，也促使着她不断地去感受各种情感，装扮寂寞而又无助的故事。毕竟"爱情使人忘记时间，时间也使人忘记了爱情"。爱情是这般地美好，让这样的爱情要胜过所有情节，彼此选择了相守，甚至连那纸婚契也不需要。

爱情就是如此奇妙，有着临花照水的张爱玲，毅然决然地爱上了那位大叔。爱又一次来得那么势不可挡，也不清楚他是对自己好，还是他有种不同的魅力。在爱情面前，怎么可能实现岁月静好、现世安稳？反正，又一段爱情在流年中开始了，唯一不同的只是没人再去关注了。

细数张爱玲那些难忘的爱情，是胡兰成催开了爱的花朵，是桑弧倍增了爱的芬芳，赖雅则不动声色地葳蕤着爱的色泽。所有生命中注定要出现的人都纷纷登场，为她的人生书写着不同的传奇。

很快就到了八月，这两个人结识还不到半年，就匆匆举办了依然很简单的婚礼。一次比一次简单的婚礼现场，是张爱玲无可奈何的爱，是她迫不及待的归宿，是她人生历程的全部见证。反正她对这样的场景感到幸福而又满足，很快就开始了充满欢声笑语的旅途。慢慢地接触，这老男人赖雅浑身都是嬉皮士的味道，那种玩世不恭的个性中，还有着浓浓的男人味道，毫无处世经验的张爱玲不陷入其中才怪。开始了正式的婚姻生活后，他们也很快搬到了城里。

得知女儿要结婚的喜讯后，黄逸梵心中的石头顿时就落了地，这些年一直怕她沉浸在伤心中不能自拔，也后悔自己给孩子带了个坏头。哀叹之余，又觉着发生的这些事情让人不可思议，如花似玉的女儿怎么找的都是老头，难道这也是一种宿命吗？

人在他乡，黄逸梵更关注年龄和颜值，却忽略了女儿是后妈的身份。其实张爱玲下决心要和赖雅在一起时，也反复考虑过这些问题，自信的她当时觉着这些都不是问题，毕竟爱可以解决一切问题。当然，在没有任何问题发生之前，一切都是风轻云淡。

母亲远在英国，接到通知时婚礼已经在进行中了。来参加婚礼的人不多，零零散散的现场，尽显仓促和草率，好像两人在玩过家家。张爱玲是如此地投入，就像珍宝一样恨不得把他含在嘴里。炎樱看着这一切，只有真挚祝福好友幸福长久，在岁月的山河里能够携手前行，为彼此遮风挡雨。

张爱玲的脸上写满喜悦，然而炎樱心中却有着淡淡的伤感，她觉着这场婚姻"算不上明智，只有热情"，让人搞不清的是张爱玲的爱情为何总是如此坎坷。不管如何，喜庆的场合让人很容易忘记过去，她转眼又投入到喜悦中。

有炎樱的陪伴自然是幸福的，"一个知己就像一面镜子，反映出我们天性中最美的部分"。这位老朋友从上学时结识，就一直不离不弃，需要时就会出现在眼前。她见证过张爱玲的两次婚礼，始终有着"明光无涯，遇见有时"的感觉。对于炎樱来说，能见证张爱玲颠沛流离的人生，真的是很难得，毕竟她曾经引领了很长一段时间的都市爱情文学。这样的记忆，见证了前半生华丽想求一个家而不得，后半生异域漂泊只求过得简单的张爱玲。所以说，炎樱是幸运的，她能不时地出现在张爱玲的笔下。

这场突然而至的爱情，自然是张爱玲躲不过的劫难，对此她是全然不顾，全力以赴迎难而上，只是她自己并看不清楚，炎樱又无法再去说些什么。婚后的生活没有那么多的轰轰烈烈，平淡无奇很快就替代了一切。就像当年父亲娶来的姨太太，虽然不时地会发脾气，可最终还是被时光消磨得没有棱角。

赖雅每天有很多事情，常常忙得着不了家，张爱玲和赖雅的女儿年龄相仿，接触中总有很多难言之隐，这更是让她想不断地改变自己，处理好这样尴尬的关系，温暖一颗冷漠的心。可是情况并不好，屡次都会撞墙，不得不无功而返。这样的事情张爱玲本就做不好，最后只能让步，把所有的爱都投放在赖雅身上。

每天养花、散步、写作、做家务，日子也算惬意，谁知道没过多久，赖雅脑梗塞突发中风，一下子就倒在了病床上不能动弹，生死攸关之际，若不是张爱玲用爱去安慰，估计这个世界上根本就无法挽留住他。

这时候，爱情的力量发挥了极大的作用，张爱玲硬是将他从死亡线上拽了回来，又经过一段时间的精心照料，赖雅很快恢复了，但身体一侧还是留下了麻木无力的后遗症，话也越发说不清楚。一系列意想不到的变化，让赖雅无法再去外边进行社交活动，反而更离不开张爱玲的呵护，给人的感觉就是迷了路的小孩子。爱情成了这副模样，除了无尽的害怕和担忧之外，也让张爱玲又一次变得不安和无奈。赖雅病了以后，家庭生活的负担就压在了张爱玲身上，她只能用文字来赚取稿费，延续着这个家的生机。

夜深人静之际，张爱玲也会躺在床上想很现实的问题，为何她的人生总是这般不可预测，真不知该如何走下去。种种变故的压力，渐渐地让张爱玲有些喘不过气。原本是想托付一个人来照顾自己，不想生活又和自己开了个玩笑，现在又要照顾病快快的老公。她既困惑又不解，还想到了逃避。

这就是张爱玲唯一能做的事情了。而爱情于她，更多地成了难得的奢望。先前迷恋的味道不见了，幽默不见了，就连个正常的身体也没有了，至于那些虚无的才华又有何用？真的不知道这场婚姻到底图的是什么，是为满足感情，还是为了有人依附？她全然不知，这就是她选择的人生。当初，不顾一切地爱上他，现在面对这样的状况也不会有任何理由，说白了，这一生的成败都和爱情相关。

不知不觉，迎来了张爱玲 38 岁的生日。大病之后的赖雅，主动为张爱玲举办生日派对。那晚的夜色出奇地好，闪闪的星光让一切看起来都是那么美。面对着浪漫的烛光，她顿时又陶醉在这样的幸福中。几杯酒下肚，才发现因为好多事情压抑自己太久，哪里还记得什么浪漫，真的是什么也不想考虑，只想开心地享受这样的生活乐趣，慢慢地融化自己坚硬的外壳。

酒无疑是让人能够放松的刺激剂，为生日晚会带来了不少情趣。优雅的音乐流淌着，可还不待她畅想未来的生活，几位联邦调查局派员就无情地打破了她的美梦——他们是来调查赖雅欠款一事的。极其尴尬的情形下，赖雅最后的乞求就是不要破坏了这简单的餐会。惊讶的还是张爱玲，顿时就变得木讷起来。

经过紧张而激烈的交涉，总算是送走了这帮人，宴会又重新开始，其实说是宴会，也不见得那么丰富，无非就是较往常多了些青豆、肉丝和米饭。这顿饭既让她吃出了作为小女人的满足，也吃出了这一生中的难堪。毫无疑问，现实生活中的所有经历都是记忆，可张爱玲这个"有一颗吉卜赛的心，一棵大树的命"的人，最终还是深深地记住了人生底色上那几块刺眼的疤痕。

其实，被烛光所遮掩的爱情，就像漂亮袍子里的跳蚤，外边的人是不可能知道的。只是张爱玲是个用情专一的人，遇见了爱之后就什么也不在乎，只想把自己融入其中。

爱情是什么？她最为看重的是三个字：我爱你。

爱情，是床前明月光，还是心口的朱砂痣；是墙上的蚊子血，还是衣襟上的饭粒渣。美好的爱情让她重新陷入不安中。赖雅虽然我行我素，可他婚前还是如实说了自己面临的情况。张爱玲听后却是满不在乎，觉着自己的能力胜过一切，但在神圣的爱情面前，一切都在发生着变化。为了改善生活条件，她只能承担起生活的全部责任，即便这样，生活中的各种烦心依然不断刺激着她。坐吃山空，难免会有吃穷的时候，为让赖雅的生活有所改善，她不得不打算出去赚些钱，每月微不足道的养老费，怎么能维持日常的开销呢？

赖雅的身体每况愈下，给人的感觉像是怀揣了一颗炸弹。白天，她的时间全围绕着赖雅转，只有到了夜里才有时间创作，此种境况下，她吃不好睡不好，却挤时间完成了英文小说《粉泪》的创作。

一部作品问世如此不易，欣慰的是终于完成了，这是她生活中的希望，也是她最值得大书特书的地方，可书没有达到预期的效果，就连简单的出版也无人问津。

难道这就是付出后的回报吗？此时的张爱玲并不求作品大卖，只是想换取稿费来维持生活，这样的要求并不过分，可眼下想实现却也如此困难。宋淇夫妇闻讯后，想尽办法予以接济，才算暂时缓解了她的经济负担。沉重的压力让张爱玲创造着传奇，这也是她赖以生存的希望，想到这些时，只好再次伏案创作。

挚爱，就是张爱玲的人生宿命。她很快就忘记了所有不快，又开始了创作上的挑战。那种辛苦无法想象，没有任何快感的爱好无疑是痛苦的。经过一番咬牙的努力，小说《北地胭脂》在浑身疲惫中结稿了，望着厚厚一叠作品，她总算出了一口长气。

交完稿件后，她为此还是和赖雅庆祝了一番，好久都没有这么放松了，生活的压力让人着实感到抑郁。暂时无事可做，让喜欢忙碌的张爱玲些不知所措，好在这时结识了女画家爱丽丝·琴瑟尔。懂得绘画的技巧，便会有事没事和她谈论这些，让生命在如此的纷乱中，重新找到可以安放的地方。主动结识朋友，对张爱玲来说非常少见，随着交往不断深入，她们还会相约去逛街，去郊外采风踏青。

生活的乐趣原来有这么多样式，就像小时候一样满是开心。喜欢，便心甘情愿做任何事情，当琴瑟尔成为赖雅和炎樱的朋友后，生活仿佛起了很多变化，偶有时间在一起画画，一群人谈天说地，聊着各自喜欢的事情。可偏偏这时最看好的《北地胭脂》，又一次无情地打击到了张爱玲的自信，望着刺眼的退稿信，她只有躲在无人处伤心地哭了。

接触久了，琴瑟尔和张爱玲互生爱慕之心，说实话，她也特别喜欢写文字和故事，看着张爱玲如此痛苦，也感到了自己的无能为力。

圈子文化在任何地方都存在着，美国文坛的不屑实属正常，张爱玲更多的是无奈，即便她有死的心也没有用，因为不能抛弃赖雅，也不能这么失败地离去，张爱玲怎么会向世俗轻易低头呢？

生活窘迫尚且可以应付，心情压抑也能调节，可身体这时也不争气，开始不停地赖折磨她。痛苦中也有着幸运，就是先前申请的绿卡到手了，总算有些向上的气息到来了。

生活其实就是面对，该去的一定会离去，该来的自然到来。

深惟重虑

在张爱玲丰满的想象里，还从来没出现过吃苦受罪的图景，她曾经那么孤高，为自己的理想不停地创造耀眼光环，可现实最后还是没有眷顾她，只是变着法子无休止地折磨她，让她在人生的苦短中纠结和彷徨。

如果不是为了稿费，相信张爱玲的后半生就这样定型了。当她决定要去台湾收集写作资料时，还是觉着自己的头脑有些发热，毕竟说走就走的冲动早已成为往事。

张爱玲之所以会有这种想法，完全是因为被无味的生活逼迫，赖雅又一次中风，身体彻底被击垮了，先前至少还能应付日常生活，可现在完全成了植物人，任何事情都需要照顾。这是张爱玲不曾料想到的，本想在美国寻找安稳的生活，看来这样的想法压根就是美丽的梦想，取而代之的是弥漫的中药味，哪里还有心情琢磨夫妻间的生活。

眼下的这一切，张爱玲是不可能改变的，只能苟且面对。好在经济上有所变化，尤其是她编剧的几部电影上座率都很高，高额稿费自然也不用去考虑。钱让人的心情变好，可以肆意购置喜欢的东西，消遣各种美食，只是好景不长，就出现了捉襟见肘的困窘。思前想后，日子要过，只能用母亲留下的那些古董来对付，虽然非常不舍，但还是硬着头皮卖掉以维持家用。这些烦恼，让张爱玲开始琢磨起婚姻来，它到底为自己带来了什么？每每想起"在没有人与人交接的场合，充满了生命的欢悦"时，才发现生活的美好是因人而异的，以至对于"人际关系的渴求简直到了太过分的程度"。

在这样的环境中活着，最终会让人窒息而死。此时于张爱玲而言，能出去走走看看透透气，应该是人生最大的幸福。可是能到哪里去，又怎么去？只要想起赖雅的现状，她死的念头都有了，难道爱情就是用这些美好的时光去照顾人？一番自我检讨之后，她又无法再进行自己的想法了，仿佛只有留下来才是最好的打算。

赖雅中风以后，曾经的意气风发为时时发作的痛苦代替，而且开始变得自卑，心里也有了不愿示人的心事。张爱玲不愿这样认输，自己当年在日军的轰炸下也没有害怕，现在怎么能如此认命？即便再苦再累，还是会坚持着去创作、读书。胡适先生也不失时机地鼓励、安慰她，还亲自上门拜访，虽说他已经是过气多年的学者，好多人也不愿去研究他、追随他，可这些细节让张爱玲感到欣慰，心里时时怀着敬意。喜出望外自是难免，胡适先生还主动邀请张爱玲一起就餐，让她不要轻易放弃写作。

话虽不多，却掏心窝，不断为落魄的内心注入着股股暖流。英雄末路的惺惺相惜，让一老一少两个人颇有些相见恨晚，也正是有着这样的关爱，才让张爱玲一直没有放弃，草根一样在地下蔓延。

这样的坚持促使着她想走出去，于是私下里打听起去香港的相关事宜。随着赖雅身体逐渐康复，她原本枯萎的梦想又开始有了生机，面对家长里短的生活，她烦恼得只想出去躲避。婚姻就是一个无形的坑，让人掉下去就再也爬不上来。找着各种借口，彼此却忙着各自的事情，就像两个陌生的人偶遇到一起。学者司马新说："张爱玲在美国已经住了六年，做了五年赖雅太太，此时二人关系发生了逆转。在这段生活的开始阶段，她在这片新大陆中既孤独又无措，就靠赖雅对她指导。年复一年，她已逐渐判明了自己的方向，依赖性也随之减少；相反，赖雅当初对结婚并不热心，可是如今在感情上和经济上却离不开她……反而依赖她的抚养和支持了。"

除了照顾赖雅，他的女儿霏丝还和张爱玲年龄相仿，彼此间没有太多的话说，见了面也是冷冰冰的，迫于礼节，只握过一次手，蜻蜓点水一般就结束了，没有称谓，没有笑容，而张爱玲还得顾及面子装出热情。即便是打起十二分的笑容，也难以遮掩她们之间的疏远关系。

这样的人际交往，让张爱玲十分困惑，始终感觉自己用心对待的亲人，大不如那些朋友好接触。这也让她"对人际关系的渴求简直到了太过分的程度"。知道生气之后也没用，最终还是会陪着笑脸，只要不是太过于苛刻的面对。既然都是一家人了，难免会有很多接触，可张爱玲还是逐步学着拒绝霏丝的邀请，大度地放任赖雅一人出去，让彼此都有着自由，自己在家里也可以做任何事，包括最快乐的创作。不管如何，这样的生活让人有着压力，张爱玲重新验光配了隐形眼镜，对着镜子才发现眼睛像兔子一样红红的，突然明白了为何会时常迎风流泪，视力严重下降。这一切都是为了生计、为了处理好与家人的关系。她只能频繁去看医生，结果医院里人很多，感觉只有张爱玲在独自奔波。这样的事很累，她又不愿把气撒给赖雅，只能借故阳光过于刺眼才得以解脱。其实，她心里想什么谁也不知道。

成为后妈这一角色，是张爱玲也没想到的事情。可生活太过奇怪，就好像她先前作品里写的继母一样。这一切都让她不由自主回想到了童年，但故事里的主角却成了自己。一切都是自己选择的，爱这个男人也是如此，从没人逼迫自己。

没有霏丝在家，二人世界里不时会有欢声笑语，浓浓的爱意中透出相濡以沫，彼此也很满足，尤其是赖雅看着眼前这位高大的爱人时，常常从心里面溢出来感动。东方女性的美，不仅仅在颜值，还有着让人舒服的付出和温存，在东西方思想的巧妙结合下，让张爱玲越发可爱，也让幸福中的赖雅不知如何表达爱意了，只能想各种办法逗着心上人。恰好有朋友送来一只小山羊，他知道妻子不愿结交人，就骗她说家里来了客人，看着张爱玲无可奈何的神情，赖雅得意地要笑出声。当她看到这只小羊时，虽然被吓了一大跳，甚至发生了口舌，可她还是慢慢理解了赖雅爱自己的苦心所在。

赖雅知道她的出行计划后表达了强烈反对，一改往日的温顺，只是拼命地拽住张爱玲的手不放。

"赖雅，你知道吗？爱我就放开我吧！你和文字，都是我生命中的最真切的伤痛。这些年里，我们一步一步走过的影子是如此清晰，真不知道是承诺还是守望？无论要走多远，无论走到哪里，我只想和你在这里，心无旁骛地守住阳光，用爱来维系温存，哪怕一转身就是天涯海角，一转身就是芸芸众生。"伤心归伤心，但她还是试着写下来这些，爱越发让人凌乱，乱得不知东西。

生活中点点滴滴的变化，让彼此都在为对方着想。当赖雅颤抖着手写下遗嘱时，这张皱巴巴的纸让张爱玲大吃一惊。身体一天不如一天，而生出这想法却已经很久了。

遗嘱大意很简单，将其所有财产留给张爱玲。遗嘱，也让生死只有一张纸的距离，想到生死问题，她又有些于心不忍。虽然赖雅为自己的生活添了麻烦，但总比一个人的孤独有趣。日子过成了这样，写这样的遗嘱又有何用呢？其实，除了华莱士·史蒂文斯、贝托尔脱·布莱希特的来往书信外，还有什么值钱的东西？

史蒂文斯在美国现代诗坛颇有影响力，被公认为 20 世纪的重要诗人，从名不经传的保险员，通过努力让自己的名字进入当代文学史中。而布莱希特是德国著名的戏剧理论家、剧作家，以创立置换叙事戏剧享誉世界。基于文学研究而言，这些书信确实很有价值，对文学创作也有着很强的指导性。

遗嘱和机票，让张爱玲顿时十分纠结起来，而走与不走，选择都在于她。这样的场景实在令人伤感，可她从未给自己设计过。其实，又能够说些什么呢？

此时，张爱玲的写作纯粹为了稿费。自从做出要赚钱的决定后，日子似乎过得非常快，彼此的情绪也在发生着变化。这样的感觉很难耐，时而令人窒息，时而又会如释重负，所有的压抑和开心交织在一起，就像茶和咖啡搅合在一起。

为了能有人照顾赖雅的起居，临行前几日，张爱玲还是沉下心联系了霏丝，希望赖雅能去她家里暂时居住。说这些话时，心里有着各种滋味，可是说完这些之后心中又坦然起来，不再在乎赖雅如何想。

霏丝还算通情达理，很快就出现在父亲的面前。出发前夜，一对落难的人几乎未眠，却也没有太多话说，原来分别是这般可怕，没有了先前说走就走的潇洒。赖雅身体特别不适，疼痛也逐渐扩散到了全身，可他坚持着一定要去送她。此时，爱已经不是情深深雨蒙蒙的浪漫了，而是相互无法分开的倚靠。

1961年10月的一天，霏丝也意外地出现在机场，她用轮椅推着父亲来送张爱玲。天是蓝的，云是白的，各色的花朵盛开在路旁，一切都是那么美，风一吹便传递出别样的开怀。

只是一切都是木已成舟，赖雅也不再苦苦哀求，等到张爱玲看过去时，他脸上立即堆起笑容，但依然能看出他内心无比酸楚。赖雅出乎意料没有流泪，反而让张爱玲有些不忍离去，想起了自己千里寻夫的情景，一个兵荒马乱的社会，一个流言四起的环境，当年的她不也是眼下这状态吗，始终不让眼泪掉下来。时至今日，早没了这些气概，只怕多看一眼就会心软，不管飞机在云端如何穿行，心却一直惦记着赖雅。

突然才发现，微不足道的牵挂也是这般力不从心。

离愁别绪

家，就是一座封闭的城。城外，是变幻不定的动荡；城内，是烟火般的瞬息万变。

张爱玲的这次东方之行，似乎并不是为生计，从表情看来更像旅游，故作轻松的她，正逐渐把生活的压力释放到洁白的云层中。舷窗前的阳光很温暖，映照着手边的红茶，不断地在袅袅清香中晃动着。茶色由浓至淡，淡是那桃色的一抹，浓是华丽的烂漫，轻轻地抿一口，只感觉岁月竟是如此放松和惬意，充满着茶与阳光的诱惑。

孤独一直缠绕在身边，无论张爱玲在什么样的环境中，她的脸上都写满这样的表情，即便是和朋友一起喝茶，喝进嘴里的似乎不是香茶，而是散发着忧伤的生活，让人感觉生命的色彩完全不如茶色纯粹。这些话，她也不知道说给谁听才好，好像只有把自己封闭起来，才可以不想那些烦恼至极的事。

这无疑是一座陌生的城。

经过麦卡锡的协调和安排，张爱玲来到了台湾，这次的目的也很明确，就是搜集张学良的创作素材，同时去采访依然被幽禁的少帅，而后再转机去香港。

真正离开了，心中的许多羁绊就会消失，都不知道多久没如此放松了，她很快就转换角色，心甘情愿被台湾读者的热情包围，近乎狂热的拥挤中，当地著名作家白先勇、王文兴、王祯和等人也赶来见面，通过对话、座谈、采访等方式，在岛屿上掀起了空前绝后的轰动。当地的主要报刊都选择了大图配大篇幅的文字来报道，如实地记录下张爱玲那几日的行踪。明明知道这样的氛围是虚无的，可张爱玲就喜欢这样充满想象的生活，无论如何也要比死气沉沉的家好。

一路就这样走过，从台北到台南，又到台中，留下了太多的欢笑。要是与美国的生活气氛相比，这简直就像生活在梦境之中。每每都是梦还没结束，扫兴的事情就出现了，麦卡锡打来电话说，赖雅再次中风入院了。

担心了没多久的事情，就这样毫无遮拦地发生了。原来人生并不是想象中顺水顺风，而是一直让人不易觉察的不近人情，放下电话的张爱玲有些不知所措，最担心的事情却以这样的方式出现了。她又何尝不知，病榻上的赖雅是如何需要自己守护身旁。可是命运就是这样，她潦倒得连张机票也买不起。

霏丝匆匆打来电话，简单说了父亲的病情，并没有催促她必须赶回来。虽然没说，其实要胜过千万句的语言，她真不知道说什么才好。说自己没钱没票，别人会信自己的话吗？

还能怎么办啊，只有继续往前走了，只有去了香港，才有钱回家。

当飞机穿行云朵之中，距离心上人越来越远之际，她的伤感已经成了浓得化不开的心结。来台湾不到一周，仓促中却造成了赖雅的第二次中风。她把这样的责任全归在自己头上，不停地埋怨自己。

一座城到另一座城，用了六年时间，截然不同的感觉，就这样在流年中成为往事。六年之后，张爱玲为了生活重新来到这里，只是心里没有阳光，完全是一片没有前途的黯然。

茶色很艳，像是涂抹了色彩，她故作轻松地品着，无法抚平的是心情，凌乱得让人觉得终将还是梦一场。她的对面是宋淇夫妇，大家很快谈到正题上——完成《红楼梦》的剧本。

对于文字的狂爱，让张爱玲毫不犹豫地答应下《红楼梦》剧本的创作。喜欢红学，也在这方面下过十数年的功夫研究。在她看来，先前的那些剧本再好，也不过是顺势拈来，只有这样的选题才具有挑战性，当然也是为了获取高额的稿费。安顿好住处还不及休息，她就开始了每天十多个小时的辛苦创作。

那些时日，张爱玲屋里的灯几乎不灭，灯下的她也逐渐感觉到了无法言说的疲惫。眼球里充了血，腿也浮肿起来，身体酸痛得要散了架。虽然从来不服输，只是实在无法推脱，咬牙也要继续写下去。"我认为文人应该是园里的一棵树，天生在那里，根深蒂固，越往上长眼界越宽，看得更远，要往别处发展，也未尝不可以，风吹了种子，播送到远方，另生出一棵树，可是到底是艰难的事。"一个字一个字地写着，怎么能不辛苦，没有了创作的快乐，全然成了言说不尽的痛苦。张爱玲几乎要崩溃了，但只能是默默接受着。

一切都在改变，见面聊天的时间都没有了，太多的事情和经历让她筋疲力尽，更多的是面对生活的无奈。时间从来不会饶过任何人，沉重的生活让人要死不活，彼此的身体也是状况不断，她又无法把这些事情说给赖雅，就算说了也是白搭。抱怨已经没用，只能是想办法抱团取暖。

在香港写作期间，张爱玲始终为离开赖雅感到内疚，以至于常常走神，晚上还经常做乱七八糟的噩梦。实在抑郁，也会写信问候，然而一封封的信从来有去无回，想着是伤了赖雅的心，后来才发现地址始终就是错的。此情此景，不知道说什么才好，悲哀顿时由心而起，又弥散在小小的房间。

这样赶时间的创作，让人觉不着任何快感，就连故地重游的机会都没有。生活越发残酷，越是想赚取稿费，越是望眼欲穿，可她还是不断地加着压，竟然到了买双鞋子的钱都要节省的地步。信中她说："自搭了那班从旧金山起飞的拥挤飞机后，我一直腿肿腿胀。看来我要等到农历年前大减价时才能买得起一双较宽松的鞋子……我现在备受煎熬，每天工作从早上十时到凌晨一时。"而这一切，只是为了能够早些回到赖雅身边。

不堪重负，都是为了生存。这些她都可以忍受，她担心的是赖雅对她推迟回家的误解，实际上现在连买机票的钱也没有。"我工作了几个月，像只狗一样"，这样的话不是发泄，是面对生活的无能为力。当《红楼梦》剧本完成最后的句号时，所有的心酸历程都要结束了，虽然还要等待，可她已经收拾好行李准备回去了。

仓促的香港行程，找不到丝毫的熟悉与亲近，自己完全就是个任人支配的小丑，木讷地完成着早已被安排好的一切。以往那些喜欢献殷勤的导演，不再主动来和她套近乎，始终板着脸谈事情，不断加剧她对香港的负面印象。她无力改变什么，只能顺从，对方要求修改她就修改，对方让等待她就等待。生活既然如此，生命卑微也无所谓，只是这些张爱玲从不曾经历过。

这样的境况，自然不会有人关注，这是穷途末路的感觉。

《红楼梦》的剧本也很坎坷，几经修改都未通过，这也让张爱玲意料不及，在对自己才情怀疑之际，首先伤害的是自尊心，让几个月的努力成了一场梦。得不到稿酬，心情自然会低落，也没钱回家，自然也不能关心赖雅的身体，一连串的反应，把各种事情搅和在了一起，让人一时半会儿理不出个头绪。

香港几乎让张爱玲无法生存下去，生活一天不如一天，尴尬、纠结、无奈，迫使她只能弯腰低头向朋友们求助。曾经那么享受生活，现在才知道没钱难倒英雄汉。被誉为民国才女的张爱玲真是欲哭无泪了，人过中年，膝下无子，却要四处讨生活来维持生计。当她对宋氏夫妇说出这些话时，顿时觉着自己所有的尊严不复存在。

借钱不是事，生活中谁还能没个难处，但在张爱玲借钱的问题上，宋淇夫妇却很犯难，唯一担心的就是度把握不好，会伤及她颇为敏感的灵魂。可以说，这是智慧和友情的处理。张爱玲虽然开了口，可她也在琢磨要不要打道回美国去。最后，宋氏夫妇并没有借钱给她，而是让其按要求再完成一个剧本，以稿酬的方式来帮衬。

稿费是诱人的，能满足这个小家庭半年的开支。

张爱玲木然地点头，心中却感觉自己已经沦落到尘埃中。无论如何，先前的自信没有了，眼下的可怜让自己都非常反感。宋淇夫妇走后，她还是重重地关上了门，不想再接触任何人，似乎泪水也洗刷不掉这样的委屈，然后把所有的不满和怨恨，都毫不犹豫地变成了对宋氏夫妇的责怪。"他们不再是我的朋友了。宋家冷冷的态度令人生气，尤其他认为我的剧本因为赶时间写得很粗糙，欺骗了他们。宋淇告诉我离开前会支付新剧本的稿酬。"她就是这样的一个人，只想找个人发泄。

生活就是这样，提前完成的新剧本又遭遇了滑铁卢，反正没有达到对方要求。羞愧的神情自是无法言说，她只能写信将这些委屈说给赖雅。"暗夜里在屋顶散步，不知你是否体会我的情况，我觉得全世界没有人我可以求助。"现实也并非她想的那样，就在大家积极想办法帮她之际，张爱玲却钻进了牛角尖，只觉着自己要彻底绝望了，和宋淇夫妇的关系也有些紧张。

在外漂荡了五个月后，心身疲惫的张爱玲还是选择了回家，见到赖雅的那一刻，才算忘记了在外的所有不快和委屈，迫不及待地依偎在他怀中。

此时两人只想紧紧地拥抱着，什么话也不说。

彼此的拥抱时那么深情，让所有的不快慢慢冰释。

第七章　悲不自胜

世态人情

无比的喧嚣之后，带来的或是寂静，始终像海水一样起伏不定。

张爱玲更喜欢享受这样的时光，从远离的繁华中感受着别样的平静，也不知道为什么，这感觉就是血脉里带来的一样。所以作家杨沂曾说："她很像一只蝉，薄之到翼虽然脆弱，身体的素质却很坚实，潜伏的力量也大。而且，一飞便藏到柳荫的深处。"这是她在屡次受到伤害后形成的独特习惯，看起来都是那么微不足道，却有着顽强的生命力。

杨沂的评价中肯而平实。凡有新作问世，他都会及时为张爱玲的作品写下许多评论文字。他不需要去讨好，只是凭借着无比喜欢做着这些事，之所以这样，是因为有着文字思想下的那种说不出的默契。在他的眼里，张爱玲高高在上俯瞰着人间的悲欢离合，只为这个多情的季节。

确实有一种蝉，从地下爬出地面需要 17 年。如此漫长的时间让人不可思议，因为这个过程中随时还有被吃掉的可能，即便是顺利爬到树上也活不过三个月。原来它引吭高歌生命，是留恋这个多情的世界，并非彰显自我的存在。这样的热情让人感动，这样的热情也让人回味。确实，这样的艰难和不易像极了张爱玲，她像蝉一样孤独地躲在浓荫间，不断地躲避着各种眼光，不知疲倦地书写着。

在洛杉矶一处不起眼的公寓中，张爱玲正伏案写着文字，她十分喜欢屋里的静，有时一声咳嗽都会传出回声，颇有自己吓自己的感觉。习惯以后，那个特别挑剔的房东也不去打扰这份宁静了，生怕自己的不经意会吓飞这只向往生活的鸣蝉。没有人打扰，便成了张爱玲最好的创作时光，她在文字中书写着人与人之间的各种故事。墙里开花墙外香，没想到美国的创作在中国引发各种热潮，只是她根本没心思关注和琢磨。

创作让张爱玲几乎忘记了一切，似乎她本就是为了文字创作而生。面对着源源不断的新作品，执教美国哥伦比亚大学的华裔教授夏志清给予很高评价，他说张爱玲是今日中国最优秀最重要的作家，这些论断是要用作品来支持的，他的观点同时也代表着理论界。很快，他又称《金锁记》是中国从古以来最伟大的长篇小说。说这些话，并不是为了讨好张爱玲，自然也不会去考虑她会如何作想，只是从研究角度来阐述一种观点而已，但这样的观点却很快生出共鸣，在海外华人聚集区和中国国内掀起张爱玲的作品热来。

越是这样热闹，越是让张爱玲喜欢起孤独，她觉得与人接触是一件非常麻烦的事情，这也不断让她离大家越走越远，在精神的高处孤独，能做的就是苛求文字，甚至可以为此降低生活标准。这样自律，让读者从中体味着她对文字的贪婪，很多人都因她的作品心潮澎湃，而张爱玲却纹丝不动，只是顺从内心做自己的事情。

夏志清掀起了研究张爱玲作品的先河，也很快引起了各媒体、出版社的关注，《皇冠》杂志社就找到了张爱玲，协商重新出版她的所有作品，并在结集后进行推广宣传。张爱玲不愿靠近任何陌生人，就把这件麻烦事委托给夏志清打理，面对这笔不菲的收益，张爱玲还是选择深居简出的生活，一床一桌一灯一人。唯一不足的就是无人陪伴着她，至少能在无聊时说说话。

可是张爱玲喜欢的那些人都在离她而去，她给人的感觉就像被抛弃的人一样。所有这些都让她不断地学会沉默。一天午后，张爱玲接到了一封书信，信是姑姑写来的，这十多年第一次收到她老人家的来信，有种说不出的激动和新奇，不知道这信里会写些什么事情。是好是坏，是悲是喜？

信的内容不长，原来是姑姑终于喜结良缘。张爱玲平淡的生活中突然有了情趣，屈指算来，姑姑已经78岁高龄了，一起步入洞房的是初恋李开第。除生死，不分离，愿天下终成眷属的都是有情人，看来这所有的姻缘都在信中。

说起张茂渊初恋还有故事，她出海留洋时与李开第相识，在一条船上无事可做，每天也就是聊天散步，很快被彼此的学识和貌美打动。李开第有想法，可他不敢越过媒妁之言，但张茂渊也就那时投入情海不能自拔。从此以后，她就不再谈婚论嫁，一直苦苦地等待着机会，她想得也很明白，这一生非李开第不嫁。这样的想法就一直藏在她的心底，对谁也没有说起过，后来又委托他照顾张爱玲，而他也是有求必应，从不会推辞，保持着好朋友的关系。等到妻子夏毓智去世后，两人才说破这件事情走到了一起。用一生来换取一段爱情确实让人感动，但更让人感动的还是这等待没有被辜负。

张爱玲当即喜极而泣，等了这么多年的姑姑终于等到了自己的爱情，她知道姑姑定然会等到这个结果，哪怕是到了八十岁，结果这一天真的来到了。所以说，姑姑是幸福的，在她人生的暮年圆满了爱情，能用这样的爱来铺垫人生，该是多么幸福的事情啊。

受到爱情的渲染，张爱玲那段时日也非常开心，想着如何为姑姑送去祝福。"她不是笼子里的鸟。笼子里的鸟，开了笼，还会飞出来，她是绣在屏风上的鸟——悒郁的紫色缎子屏风上，织金云朵里的一只白鸟。"虽然情绪上有了起色，但她还是更乐意离群索居，在不断的逃避中勾起大家的兴趣。

张爱玲又一次迎来了创作的高峰，很快被读者们捧为女神，很快就陶醉在那些唯美多情的文字中，就像感受一种流行和时尚。如："守一颗心，别像守一只猫，它冷了，来依偎你；它饿了，来叫你；它痒了，来磨你；它厌了，便偷偷地走掉。守一颗心，多么希望像一只狗，不是你守它，而是它守你！"如，"在人群中偷着你的笑脸，恍惚间仿佛回到从前。会不会有一天我们再一次地偶然相遇，一见钟情，然后和彼此相恋？"读这些文字，让人忍不住动情，忍不住想重新回到爱情中。至于张爱玲，又活在了茶余饭后的惬意中，成为恋爱男女的指导宝典。面对这样的赞誉她却说："我不喜欢壮烈，我是喜欢悲壮，更喜欢苍凉壮烈。只是力，没有美，似乎缺少人性，悲哀则如大红大绿的配色，是一种强烈的对照。"

相互对照，不过是个人心态的表现，掩饰不住的是鲜花下的哀怨，这也是张爱玲始终不敢面对的弱点。

既然是弱点，难免会发现沉积在心底的悲哀，她无法向人解释，就算解释也无人明白。就像她一直在寻找着最容易得到的安宁，可内心永远都不是一成不变，更无须说平静了。即便是每个人都沉醉其中的爱情，也时不时飘然而过，让人什么也抓不住。有时候她也会想，是不是内心再强大一点，就不会听风是雨？可能和姑姑相处时间久了，生活中受她的感染会多一些，在任何事情面前永远都那么执拗。姑姑张茂渊一直怀恋年轻时的爱情，情愿韶华不在，也要在年届八十时和自己喜欢的人相守相伴。纵然步入人生的黄昏，姑姑也是幸福的，她终于满足地依偎在他的怀里。而张爱玲这处风景，却只有在寂寞中独自流泪。

人生就是这样，看和谁对照而已，相信不会都是如此结局。

虽然独居，偶尔也会有人来拜访她，有时是一年，有时是三年五载。夏志清教授总算见到了张爱玲，从书面到现实的过程中，总算明白了其中的独特感悟。而作家杨沂也有机会来张爱玲公寓长谈，发现神秘背后竟然是如此生活化的一个人，随意地包着毛巾，脚上还穿着拖鞋，让人无法和她"好似花来衫里，影落池中"的文字相互联系起来。

即便这样随意，张爱玲的文字还是非常受读者欢迎。

这时候，张子静还在努力找寻着姐姐。姐姐给他的感觉就是一条孤独的鱼，潜在深水里，让人看不清她的眼泪，即便是不经意地发现，也会很快消失在水中。寻找，让他在生活中不断失去信心。生活是什么样子无法评论，但它让每个人都感受着不同的喜怒哀乐。母亲为家迫不得已去了英国，父亲为家而穷困潦倒，弟弟因为生性软弱始终郁郁寡欢，自己也是不断遭受着爱情挫折。能做的也只有躲避，亲情在张爱玲眼里不值一提。

所以说，最可怜的还是子静，一不留神就这样虚度了大半生，父母给不了他太多的爱，姐姐也没有心思去关心他，就算姑姑有大把时间，也要为自己的事情成天纠结。

子静找到姐姐后，终于没有忍住笑出声来，好像又回到了无忧无虑的童年时代，记得那时是开心的、快乐的，他们在院子里玩耍、看书，这些事情就如同发生在昨天，只要想起来就充满欢笑，也不知道为什么，在打听姐姐的过程中，他就一直想起这些。寻找姐姐，并非要求取物质帮助，其实这些年也没有得到过一分钱，只是到了这样的年龄，才认识到亲情更为重要，尤其是后半生的生活过得尤为艰难，就想在一起聊聊，毕竟在这个多舛的世界上，见一面少一面啊。

姐姐张爱玲成天里忙自己的事情，哪里又有心思琢磨这些？要说这些年疏于亲情，无非就是家的压力太多，让她不愿取想起那些烦琐的事情，当然她也有自己的乐趣，那就是和蚂蚁一样不停地搬着家，从这样的劳累中，寻找着生活的简单乐趣，而这些又逐渐构成着她的全部世界。

现在看来，能够在这样的奔波中见到张爱玲，确实是杨沂的缘分。当他们心平气和地进行交流时，是不是又比子静多些幸运？杨沂还是非常珍惜这样的时间，很快就结合自己的了解和感受，写出了张爱玲真实的心迹。"她的起居室犹如雪洞一般，墙上没有一丝装饰和照片，迎面一排满地玻璃长窗。她起身掀开白纱幔，参天的法国梧桐，在路灯下，便随着扶摇的新绿，耀眼而来。这处，眺望得到旧金山的整幅夜景。"这样的外在，是她迫切需要安稳的内心，而她所做的这些，只是想一个人静静地活着。

有时候，文人笔下的世界更趋于理想状态，唯美是因为自我心中的美好想象。"她微扬着脸，穿着高领圈青莲色旗袍，斜欠着身子坐在沙发上，逸兴遄飞，笑容可掬……她的笑声听起来有点腻搭搭，发痴嘀嗒，是十岁左右小女孩的那种笑声，令人完全不敢相信，她已经活了半个多世纪。"经过几次了解和长谈，杨沂对张爱玲的认知更为全面，他曾经给夏志清写过一封信，描述她"眼睛也大，清炯炯的，满溢着颤抖的灵魂"。但每个人的关注点都不同，张爱玲与杨沂恰恰相反，她操心的是"天天上午忙搬家，下午远道上城。有时该回来已经过午夜了，最后一段公交停驶，要叫汽车，剩下的时间只够吃睡"。截然不同的两段文字是那么的对比鲜明。一个想用所有的好奇来关注，在优雅中写就不同的感受；

一个必须要负重人生，处于不停的奔波和躲避中。

人生就是这样，而每个人的人生却又截然不同。

搬家成了张爱玲最无奈的举动，虽然说每个人的生活方式不同，但这样反复折腾还是让人感觉特别累。随着年岁变大，身体变差，这样的逃避只能交给朋友来做。林式同对这些记忆非常深刻。"一位瘦瘦高高、潇潇洒洒的女士，头上裹着一幅灰色的方巾，身上罩着一件近乎灰色的宽大的灯笼衣，就这样无声无息地飘了过来。"其实，张爱玲身边也就这几个朋友，如林式同、宋淇夫妇等，他们没有任何怨言地帮衬她，从不在乎这些年的无偿付出。

所以当读者把张爱玲当成谜一样去猜测时，只有寥寥可数的几个人懂她、关注她，知道她所有的境况。在他们眼里，张爱玲只是一个平凡的人，平凡的孤独人。可是让他们不解的是，这社会上有不少人热衷于打探张爱玲的私生活，有时还能想出各种怪办法来接近她，娱乐记者戴文采便算一个。究其原因，她无非是想通过独家报道成为名人，于是通过各种关系不断打探张爱玲的住址，借口各种由头采访她。经历过人生大起大落的张爱玲，对于这些采访从来都是拒绝，而女记者心怀企图的接近自然不能得逞。为了不让这些人找到自己，她只能搬家。既不想伤害自己，也不想伤到别人。

不想这戴文采还是非常执着，特喜欢搞所谓的别出蹊径，好不容易盯上了张爱玲，才不会这么轻易地放弃她，随后又想办法偷偷租住在张爱玲隔壁，一墙之隔，更有着无数的神秘。记者每日里琢磨的都是如何走近她，挖掘她的所有未知。

时间很快过去了一个月，纵然戴文采费尽了心机，也只是偶然遇见过一次张爱玲。她慢悠悠地走出屋子去扔垃圾，阳光的照耀下，那瘦骨伶仃的模样让人不忍心看下去，可在戴文采的眼里却像发现了藏宝的山洞，她立即压抑住内心的所有激动，屏声静气地贴着窗户，偷偷地观察她的一举一动，顿时忘记了先前等待的辛苦。这只生性敏感的蝉，在不为人知的情况下被看得清清楚楚。如果只是偷看也就罢了，可是出名心切的她，竟然每天都把那些垃圾偷过来，然后如获至宝地从中发现秘密。

戴文采忘我地忙碌着，从那些发馊的饭菜、沾染血迹的卫生纸、废弃的手稿中开心地拼凑着、猜测着，简直无法想象她怎么能够面对这样的不堪，很快就完成了自己所谓的独家报道。张爱玲无论如何也不明白，自己紧关着门窗也能招惹来麻烦。当一篇篇独家报道出现在读者视线时，大家不敢相信记忆中的艳若桃李，现在却成了"她真瘦，顶重略过八十磅。生的长手长脚，骨架却极细窄，穿着一件白颜色衬衫，亮如洛佳水海岸的蓝裙子，女学生般把衬衫扎进腰里，腰上打了无数细褶，像只收口的软手袋。因为太瘦，衬衫肩头以及裙摆的褶皱线终撑不圆，笔直的线条使瘦长多了不可轻侮"。在报道《我的邻居张爱玲》中，戴文采恣意着所谓不凡的文采，大书特书自己的见闻，恨不得用文字全部表现出这位老人晚年的形容枯槁。之所以这样写，无非就想以此为噱头来引起读者关注，不想却遭到很多粉丝的大力谴责。

虽然这样，张爱玲还是与世无争地远去了。她在信中说："台湾记者那篇淘垃圾还是登出来了。中国人不尊重隐私权，正如你说的。所以我不能住在港台。现在为了住址绝对保密，连我姑姑都不知道。"这封满是愤怒的信件，很快就传到司马信的手中，还不及他联系，张爱玲的身影已消失在浓密的树影中。

岁月安好

信不信命运并不要紧，张爱玲知道，有些事情一眼其实就是一生。

可以说，在《小团圆》这本书中，她一直想让自己的生活能够圆满，可"这是一个热情故事，我想表达出爱情的万转千回，完全幻灭之后也还有点什么东西在"。既然只是故事，定然有许多不完美了，无论是生活、爱情，还是变幻莫测的人际交往，都让她不停地完成着这本书。

要说《小团圆》让人欣慰的地方，那就是与张爱玲息息相关的真实。真实，像影子一样始终在伴随着她，触摸不到却又之拂不去。一件件的事情让她烦忧不及，生活的上海是影子，注定要放在心里的，即便要成为红尘中的过往。还有那些至亲至爱的人也是影子，无论是存在或者消失，也同样让人铭刻记忆，映衬着她自己的无比孤独。

除了这些烦恼外，就连不起眼的跳蚤也喜欢来骚扰，张爱玲身边几乎没有亲人，只有那个建筑商人林式同可以求助，偶而会在碰到棘手的事情时联系。林式同不了解张爱玲这个人，但他还是爽快地答应了宋淇夫妇，没想到一转眼就是十年的光景。

不了解，也不明白张爱玲从事什么职业，即便见面也只是局限于讲事情，他从不会多问，只是认真地践行着承诺。这些年，始终习惯躲避的张爱玲，就像执意要从这个社会消失一样，根本就记不起先前光环加身的荣耀，也不去回忆当时的风华绝代，时光的无情摧残下，也只能是带着假发才能出门，那瘦骨嶙峋的身体让人看过去满是伤感。但在林式同的面前，她从不会刻意去遮掩什么，即便是一脸倦容、一身睡衣也无所谓。虽然没有掏心窝的话，但却可以感受到信任存在，这样的信任是幸福的，让孤独的她在异国他乡还有着倚靠。

林式同是个不苟言笑的人，当他面对着如此沧桑的老人时，只是努力做好她交代的那些事情，无论看见或听见什么，永远都会保存在心底任其腐烂发酵，因为他太清楚，此时的张爱玲只是享受一个人的时空，只想在清苦与简单中求得安稳。她的这些做法，只是因为她明白了人生的意义，也完全懂得了什么是放下。

生命的过程如同花开，每天经历的其实都太过寻常，就像张爱玲孤独生活着一样。这样的状态，只是不想让人知道她情感上的伤痕累累，从而彻底隔离开热闹与清静。有时候想，这样的远，是不是某种意义上的近呢？远的是距离，近的是心情，是不入世俗的平淡。

有时候想，能做草木也是好的。草木不言，却能见证这个世界的奇妙。在林式同眼里，他也不懂这位佝偻身躯老人的传奇。已经安于现状的张爱玲，对于身后那些疯狂的追随者早已不再动心，所有的浮华都是虚无的，全然不如文字来得实在。独居的生活，不仅是为了回忆，更多的是在体验传奇，一如她创作着《传奇》，随着这本深入骨髓的小说问世，很快就在出版界创造了奇迹，没多久后又被评为二十世纪百强小说，位居鲁迅先生之后。谁也想不到张爱玲能在这样的环境中，竟然会写出红极一时的作品。

关注作品，自然也不会抛开作家。读者越是关注张爱玲，越是不知道她的踪迹，这样的感觉就像猫捉老鼠一样，却让单纯的张爱玲很满足，在自己的心境中自得其乐。

这样的做法无疑有些太过于低调，任谁也是无法触及。

这样的深居简出，只能让张爱玲对自己颇为苛刻，对于亲人和朋友也多是回避着。在某一长段时间里，大家只能读着这些文字来判断她的生死。姑姑见过世面，能够理解她这些怪异的做法，可弟弟却全然不懂这做法，只是觉着先前那个从小玩耍的姐姐不见了，替代她的是让人看不懂的冷漠无情。起先还想找她问询，劝她多些生活情趣，多些人情世故，到最后也只能是放弃。对弟弟这样，对姑姑也是热情不到哪里。自迁往美国之后，很少打电话问候，逢年过节偶尔写封信也是寥寥几句。那年姑姑患重病，特别想见到张爱玲一面，90岁高龄的姑父，也就是当年一心操心她学业的李开第，立即给张爱玲写了一封言之切切的信，恳求她能回来探望一下，以满足老人的心愿。一个很简单的要求，最终还是成了终生遗憾。

接到来信那刻，张爱玲痛苦得死去活来，和蔼可亲的姑姑怎么突然就病了？她一定不会这样走的。脑海深处，她从黑屋子里逃出的那刻，是姑姑不离不弃地收留了她，全然胜过了妈妈对自己的爱。一起生活的那些年里，她一直默默无闻地守护着自己，尤其是最需要帮助和疗伤时，姑姑从来不会视而不见。现在的她正处于弥留之际，急切需要自己出现在眼前，或许是想回顾先前的那些事，或许只是想见见自己，毕竟是生命中最可亲可近的人。可是回不回去呢？这是她最纠结的地方，木然地望着窗外，张爱玲实在想亲近地待在姑姑身边，送她走完人生的最后一程，让姑姑的人生更加圆满。泪水肆意地流着，张爱玲的内心却抓了狂。

半个多月后，张爱玲才起笔回了信。

说实话，姑姑对张爱玲的爱和精力有目共睹，就像自己亲生的孩子一样对待，可最终还是没能盼来张爱玲，只能在无尽的期盼中撒手人寰，若是在天有知，不知她该如何做想？斯人已去，张爱玲的信才姗姗来迟，虽然写出了彼此间的感情，却又未能解释不回去看望姑姑的原因。信的最后还反复要求家人看后烧掉，不要让人知道自己的地址。读着这样的信，真是让人有种说不出的难受，也无法明白她心里面想的是什么，但那种冷漠着实让人不可思议。

匆匆逝去的时光，纵然是再美的青春也是不复存在。

张爱玲生在富贵家庭，气质自是无须赘述，她身上最独特的还是不同于众的个性。已经习惯了这样的生活方式，所以也就不在乎身边有没有赞美，即便是批评也无所谓，就像眼前这些花花草草，以其无比的柔弱在展示着生命的倔强，它们可以群居，也能够单独生长，从不在意什么样的生活方式，现在的张爱玲，之所以选择独善远居，躲避那些疯狂的粉丝倒是其次，最主要的还是想一个人现实安好，不受搅扰。

一个人的安静自是妙不可言，对心如止水的张爱玲而言，在这样相对封闭的氛围里，可以天马行空地想象，可以任意做自己的事情。所以当张爱玲的声音传到林式同的耳朵里时，他都几乎要想不起这位一直不愿露面的朋友。张爱玲的声音好像很遥远，听起来弱不禁风，再细听却又是那么刻不容缓。她说自己写了遗嘱想拜托保管。虽然听得是云里雾里，但他还是没有任何的犹豫，对着电话点头称是。这些年来，他早已习惯了和张爱玲之间的所有事情，从来不会去想有没有道理，也从来不会拒绝。

过了没几天，林式同总算等来了张爱玲的信，他迫不及待地打开后，发现信中就只有短短几句话："一是所有私人物品留给香港的宋淇夫妇；二是逝后不举行任何丧礼，将遗体火化，骨灰撒到任何空旷的荒野。遗嘱执行人林式同。"还不待看完，林式同就感觉全身上下特别不舒服，又说不清是什么原因。等他哆嗦着手把信装好后，这才慢慢地回过神来，虽然有些不堪风雨的沧桑，难道她冥冥中就有所预知？应该不会的。根据他自己的了解，张爱玲对于死亡早已经不在乎了，之所以这样从容地写下遗嘱，无非就是顺应着心情做事罢了。

只是一页薄薄的信笺，其间却有着太多沉甸甸的信任，这可是人世间最重要的嘱托了，就像在预知最为苍凉的别离。虽说每个人都不会永远活在这个世界，可即便渺小如同尘土，也要活得充满激情。唯一让林式同纠结的是，以这样的方式早早出现，真的是让人有些手足无措。就在他准备上门去问个究竟时，张爱玲又来了一封书信。

依然是忐忑不安地拆了开来，读着读着便坦然了许多，信中秀气的小楷工工整整，大意是对上封信的解释。"前几日去书店里，无意买了张遗嘱，免得人去后有钱剩下就会充公。"压在心头的紧张顿时恍然大悟，立即笑出了声音来。

一场吓人的意外搞清楚了，也让林式同明白了张爱玲的另种幽默，虽然是那么严肃，却也是面对生死态度的坦然。生死只是一瞬，张爱玲不想让自己有太多的牵挂，所以早早就开始了面对和预演，不就是生命的结束吗？

张爱玲的弟弟子静，这一生似乎都被姐姐抢尽了风头，时时处处都很不顺，也不知道说给谁听，但他在努力懂姐姐，不管有没有太多的联系。要说张爱玲生性冷漠，自从离开家后，从未给过子静片言只字，更不要说日常的关心和安慰了。子静从不计较，对姐姐的爱却是一日胜过一日。在《我的姐姐张爱玲》一文中，他的文字就别有感觉，真实还原了桀骜不驯的姐姐。"这么多年来，我和姊姊一样，也是一个人孤独地过着……但我心里并不孤独，因为知道姊姊还在地球的另一端，和我同存于世……姊姊待我，亦如常人，总是疏于音问。我了解她的晚年生活的难处，对她只有想念，没有抱怨。不管世事如何幻变，我和她是同血缘，亲手足，这种根底是永世不能改变的。"

弟弟的文字看似朴实无华，实际上有太多爱在其中，那完全是弟弟对姐姐的关注和牵挂，字字句句读下去，就会不由自主地哭出声来，因为这其中还有着自己的心酸。爱不就是这样吗？让人有着太多太多说不出的滋味在其中。

1994年，《中国时报》授予小说《对照记》文学特别成就奖。眼尖的读者却发现，大幅照片上的张爱玲手握一张报纸，上面赫然写着一行黑字："主席金日成昨猝逝。"黑白是如此分明，让人看后不由哑然失惊，然而她却是满不在乎面带笑容。这样的笑容更多是让人不可思议，也凸显着黑体字的仓促和生硬，人生就是这样，有人哭就会有人笑，只是不知道这样的出现是偶然还是故意为之？但还是要佩服她的坦然面对，毕竟笑得那么开心，自然也不会在意世俗的羁绊。

不管别人怎么想，张爱玲发乎内心喜欢这张照片。等到《对照记》再版时，她毫不犹豫把照片印在了书的扉页上，用一双含笑的眼静观这个世界，同时她还在旁边写下了这样一段话，"写这本书，在老照相簿里钻研太久，出来透口气。跟大家一起看同一条新闻，有'天涯共此时'的即刻感。手持报纸倒像绑匪寄给家人的照片，证明她当天还活着。其实这倒不是拟于不伦，有诗为证，诗曰：人老了大都是时间的俘虏，被圈禁禁足。它待我还好——当然随时可以撕票一笑。"完全就是个让人不可思议的精灵，然而她却以自己的方式活着。

寂若流年

唯有不停的写作，才让她能够保持内心的妖娆，通过这方式张扬绽放，也算是一种对于自我的满足。俗世里活着的张爱玲，一任"红色的玫瑰芳香弥漫，辛辣魅惑"，逐渐增多的却是与众人的距离。说好听些，就是由心而起的佛性禅心；说直接些，就是在刻意疏远与人之间的距离。

当然，这样的疏离还是因为生性冷漠。不愿接纳身边的人和事时，并非普渡众生的慈悲，而是失落的不愿回头。张爱玲对这个无情的世界多情过后，终于要枯萎临水照花的芳心。

一切都在放下，只有文字还始终伴随着。这些年来的精神寄托，让她从容不迫地活着。文字就像双刃剑，带给她许多荣耀的同时，也让她感受到了痛苦，那种要死不活的感觉，深深地刺激和折磨着她的内心。这几年，随着她的身体大不如前，她也陆续看淡和放弃了许多，如名利、情感等，就像她当年奋不顾身要逃出黑屋子一样，现在只想放下一切，用无所畏惧来面对孤独。

岁月实在让人恐惧，似乎只是一转眼的光景，倾国倾城的张爱玲就光彩不再，即便是穿行在人群中也是貌不起眼，有时候想，能够这样活着其实也挺好，可当她被人撞倒在大街上，看着来来往往的人突然就又力不从心，只好在哀叹人生的同时，还欣慰出名要趁早的信条。慢慢地，她也不愿出门了，更喜欢深居简出，独自活在简单的世界中。唯一喜欢的就是不断地变换居所，不想让任何人知道她的行踪，也不想让人来打扰她。蝉的性格依然没有变化，在敏感中不断躲避着。

生命是脆弱的，从坚强走向脆弱的过程，让人的心态也在不断变化着。现在的张爱玲很感激所拥有的一切，出身名门，却在晚年没有像其他人那样养尊处优，甚至连小动物也不愿豢养，从骨子里感到反感，更多的还是认为这些猫啊狗啊一旦与人沾染，难免就会穷凶极恶，最终生出来杂念。文字就不同了，她可以像刀枪一样，不仅不会伤害自己，还可以肆意渲染性情。

这是一种活法，也是一种性情。

这年七月，张爱玲又不厌其烦地换了住所。其实她也不知道这样折腾是为了什么，躲避只不过是借口，可这样的人生又能躲过什么？是情感、是命运，还是人生呢？不管怎么样，反正又来到了一处陌生的地方。这些年来，她会莫名地喜欢这种感觉，让人感到安全和放心。新公寓四处全是花草，徐徐清风中带着淡淡的花香，夏日里不会让人感到烦躁不安。花草又和猫狗大为不同，清静中透着生命的禅意，学会体味生命的不同。她还是一如既往地忙着，闲暇时就会不失时机趴在窗前，从这些生命的状态中寻找安稳。和年轻时比起来，她不去追求那些浮华的外在了，只是想让一切都归于平淡。

和张爱玲联系最密切的人，要算林式同了。经人介绍认识快十年了，却没有认认真真地接触过几回，可他对张爱玲的所有要求都会满足，从来也不提任何条件。每次要换房子，林式同这个人必不可少。也不知道为什么，他就像特别懂得张爱玲一样，对其提出的任何想法都能完美实现，让这位孤傲的老人非常满意，即便这样还是喜欢冷漠着表情说话。从接到电话的那刻起，林式同就开始四处打听起来，为先前的承诺心甘情愿付出。

张爱玲就是这样的人，对身边亲近的人，从来不会顾及对方感受，就像自己从来不会表达感情一样。明明已经表现出了生冷，可真正要和这位好友见面谈事，说话语气还是非常生硬，就像给下属下达命令一样，根本就不会顾及对方的情绪。林式同却不恼不怒，认真地听她说各种事情，然后又热心地答应下来，而后开始忙活各种烦杂的事务。交代完这些，张爱玲就什么也不去关心了，投入到自己钟情的文字中。任务很快完成后，他又会及时沟通情况，而这位老人表面上也看不出任何感动，但她心里清楚，"我要你知道，这个世界上总有一个人是等着你的，不管在什么时候，不管在什么地方，反正你知道，总有这么个人"。这样的接触，更是一种难得的信任，都深深地藏在了彼此心里，成为不可多得的依靠，甚至连个眼神也不用。

到底是个有心人，林式同始终恪守诺言，从不会对外透漏张爱玲的任何信息，还将他的家庭住址当作张爱玲的永久住址。当然，张爱玲不是完全不近人情，有时也会在电话里说很多话，难得的说笑其实很放松，让她感受着人和人之间难得的真诚。有次不知怎么就谈到了作家三毛，张爱玲突然问到她为何要自杀，商人林式同对建筑更在行，他对文学漠不关心，当然也不会知道三毛的事情，顺口就无关痛痒地敷衍过去。等到后来又仔细去琢磨，赶紧找来许多资料，这才将两位女作家联系起来。一个热心于外面未知的世界，一个喜欢在独居中躲避，结果三毛在生命的绝唱中完成了探求，而张爱玲却在生死面前保持坚强，"在没有和人交接的场合，我充满了生命的喜悦"。漫不经心地面对生死，这就是她的幸福，即便是不停地躲避。

这样问，或许是不经意，或许是有目的，只是林式同不明白而已。在他眼中，张爱玲更习惯躲避，包括爱情和生活。现在看来，那些生生死死的事情，于她而言已不重要。只是不解的是，她这些年里为何热衷于搬家。

她这样的躲避，似乎还带着寻找。

世俗之事不过如此。张爱玲和修行者不同，她打算彻底关闭心房，不让任何人接近，也不打算接近任何人，而是把所有情感寄托融于文字和花草中。慢慢的，才少了人为的打扰和拜访，才留出了值得回忆的时空。晚年的张爱玲太喜欢这样的安静，就连相邻而居的房东也很难见到她，起先还好奇这样的房客，慢慢也就习惯了这样的匆匆流年。时光在改变着，不变的是我行我素的性格，在经历了太多的事情之后，她对外界所有的事物都放下了。

她就是这样一个人，对身边的人从来都是那么决绝，对自己也是如此苛刻。彻底，是为了让自己活得更为纯粹，哪怕留给这个世界的是冷漠，张爱玲只需要自己从容就好了，所以她的存在仿佛是假的一样，让人很难想起也很难见到。但关心她的人就不同，弟弟有次无意读到一则张爱玲噩耗的消息，还不及看完眼泪就掉了下来。喜的是还有姐姐的消息，悲的是人生如此短暂，姐弟之间的情缘就这样了断，他越想越伤心，也就不再顾及他人想法大哭起来。是啊，姐姐永远都是那么不近人情，可她依然还是自己的姐姐啊，不论如何孤傲，不论如何不近人情，但牵挂却是无法扯断，也无法让他恨起来。他开始一遍遍地打着电话，问寻与姐姐相关的人，近乎发疯的状态，让人看到的是欣慰、是真情、是深深的爱。只是各种说法都有，让人不知如何分辨，弟弟能做的除了伤心，只是能无尽地祈愿。

花开花落，都在一念之间。唯有安好，才是春天。

在人生中经历了这么多年，变老自是无法回避的难题，张爱玲还是选择了深居简出，来打发无聊的生活。平淡是幸福的，没有人来搅扰却也不觉着寂寞，生活越发地让人慵懒，就连信箱中塞满了信件也不愿打理，就那么任其发展着。当她从窗户中望过去时，那些不堪的凌乱，却又是另一种繁华。

张爱玲是这么不经意地活着，属于她的时光已经不再精致，而是不在意的修行了。当她得知弟弟四处打探自己的消息时，沉寂许久的心顿时又有了欣慰和感动，也生出电话联络的念头，只是转眼间就打消了这念头，说不出来为什么，大概是不想打破这样的冷漠吧？

等到了炎樱离开人世间，张爱玲的冷漠中才逐渐有些变化。生命是那么刻不容缓，让人们在它面前都慌张而又无力。这么多年的好友说走就走了，竟然一个招呼都没有，是那么仓促，难道人生只是为了完成这样的过程吗？炎樱两次见证自己的婚姻，无形中已深深地铭刻在心，彼此的关系更是牢不可破，虽然都很喜欢胡兰成，也是相互顾及没有说破。能和张爱玲这样的人做朋友不容易，炎樱说："每一个蝴蝶都是从前的一朵花的灵魂，回来寻找它自己。"一个熟悉的故人远去了，这种心灵的触动，算是蝶对花的回馈吗？可以说，她们的关系更胜过花和蝴蝶。

青春如此美好，却又那么残酷，让所有的美好都不断地毁灭着。独居又能如何，既挡不住容颜的衰老，也挡不住一个个的坏消息。而这些消息永远都是那么无情，根本就不在乎年迈的张爱玲如何作想。可奇怪的是，这些事情让人心疼，却也让她心如坚石，越走越远。

如何回头？身后是一个个的千疮百孔，那分明是不敢回头，也无法回头。人生从来不会给任何人机会，在这样的年龄，即便带着微弱的温热回了头又能如何？亲人们消殁而去，却留下伤心的张爱玲，孤独地面对着这个世界。

阳光依旧，带着淡淡的气息照射了过来，映在她沧桑的面容上，张爱玲形单影只，慢悠悠地忙着自己那些单调的事情。

一切都那么静。

苍凉一梦

回望人生，富贵与贫穷、幸福与落魄，不过是生命过程中的状态而已。

才说完且行且珍惜，可谁也没有想到，张爱玲会如此漫不经心地离去，让自己在美丽与苍凉间有了了断。让人感觉眼前这一切就是一场美丽的梦。

生前给人的全是冷漠，逝去后却留下了神情安详，张爱玲又一次选择了离去，只为这次让时光成为凝滞。

四处全是花草，一栋房屋静静矗立其中，无法掩映的破旧外观，透出岁月沧桑。阳光斜斜地照过来，穿过半掩的窗户，把一柱光束投在地面，就见千万颗的尘埃在上下跃动，似乎在为逝者祈祷、祝福。房间不大，看上去也很简陋，可这就是张爱玲晚年生活的全部。而那盏伴随着张爱玲写作的台灯还亮着，只是孤独地散发着光束，似乎在诉说往事，又似乎在回忆着人生。微弱的光，恍若是漠然的眼神，冷静地观瞻这屋里的一切，可灯下不再有纤美书写的背影。

属于一个人的传奇，就这样悄无声息地结束了。

如果时光可以倒流，已步入暮年生活的张爱玲，更信奉"晚年唯好静，万事不关心"。这些年来的孤独，让她已经对所有事务都心如止水。和年轻时的心态相比，张爱玲无意变化了许多，奢华和流行早已远去，只有书和文字陪伴着，她更像一只蜗居的小动物，只想安静而又单纯地生活着，远离所有的纷乱，不想让任何人来打扰。一张书桌，一张行军床，简单的生活就变成了内心的自由。她每天都在忙碌着，没有多余的时间去回忆过往，身体越来越差，精神却越来越丰满，让这处赖以生存的居所，成了海面上的一叶小舟，就那么悠然而仓促地前行。

无论如何，她只需要内心的安宁。

亲人的离去，婚姻的破裂，一件件的往事都让人不愿回首。随风而去的誓言，漫远时光里的等待，让她明白人生原是这般不可思议。时间如流水，不知不觉就到了耄耋年岁，好多看不透的都已经明白，好多舍不下的都已放下，所有的这些，其实都为着人生的最后出行。一切皆有感觉，冥冥中的预知，让她早早就准备了素色雅致的旗袍，然后收拾好简单的家当，再对着镜子描画容妆，这最后的仪式显得特别隆重，但又不紧不慢。时光晕染着成熟的生命，等她完成了所有的事情后，才优雅地走向那张行军床，安静地躺了上去，开始等待命运之神的召唤。"分明就是樟脑的香，甜而稳妥，像记得分明的快乐，甜而怅惘，像忘却了的忧愁。"

就和先前的一次次离去一样，张爱玲没有任何的恐惧感，神情坦然，仿佛在构思新的作品，仿佛在思索美妙的人生。稿纸散落在手边，笔搁置在一边，不知道要写下什么。

"长的是磨难，短的是人生。"张爱玲就这样与她喜欢的世界作别。离别无言，永不相见。不知道这样人生算不算圆满，但那部《小团圆》中，似乎又有着太多不圆满。

面对逝者，生命是如此脆弱，但林式同感到了伤心，为这位一直沉默着的朋友。他没想到会以这样的方式，来为好朋友做最后的送别。这些年来，他确实为张爱玲做了不少事情，但还是第一次走进这间屋子，不知道这算不算幸运，但他明白这也是最后一次了。

1995年5月，林式同收到张爱玲要求搬家的信。这是他们最常用的联系方式，信还是一如既往地短，她打算搬到位于亚利桑那州的凤凰城，或是去内华达州的拉斯维加斯。他赶紧找出地图来看，脑海里立即浮现出很多画面来，发现这些地方都挨着沙漠，常年干旱、沙尘，并不适合体弱的人居住。林式同不明白她这样的选择，是想满足自己的内心，还是想求得生活清静。可他最终没有理出头绪来。

张爱玲的身体状况越发差了，甚至连感冒也要持续很长时间，后来又患上了苦不堪言的皮肤病。这些都是她不曾想过的，却又如此真实地折磨着身体，让她越发地渴望有人来陪着聊天。熟悉的人都已陆续辞世，面对更多的还是落寞、伤感。

虽然这一生不愿求人，但这时候她还是会想起林式同。

既然有过承诺，林式同对于她的所有请求从不拒绝，但他还是会相应地提出自己的意见。张爱玲最终接受了搬家的建议，决定七月左右迁往洛杉矶。

很快就到了九月，只是他并未接到张爱玲的电话。此前的约定中，经常会有这样的例外，也就没有主动问询，想着几日后就会联系，到时再去商量搬家事宜。所以当他接到电话时，本想问问因什么情况耽误了时间，结果却从房东嘴里听到了这个噩耗。

彼此之间没有太多交流，但这个消息还是让人心疼，竟然不由自主地留下泪水。那么一个独立的老人，怎么会说走就走呢，至少有个告别吧？他知道，心中担忧的这些事终于来了，生活中从此不再有张爱玲的声音。

人生从来就是如此，繁华过后就是落寞和凄凉。

原本把照顾当作责任的林式同有些慌神，他不知道自己如何放下电话，又怎样来到张爱玲的居所。就好像一场奇妙的戏，突然在漠漠红尘中散开了。他傻傻地站在门口，看着好些警察在小屋子里来回忙碌。屋子里静悄悄的，并没有因为外人的到来变化，却让人感觉在为她的灵魂在搬家。张爱玲躺在自己的小床上，面目安详，不见任何的痛苦，依然是生前的那般高洁优雅。窗外蝉鸣不断，刺耳的声音刺破苍穹，有风吹来，鸣叫声戛然而止，很快就从重叠的枝叶中飞走了。

"三十年前的月亮早已沉下去，三十年前的人也死了，然而三十年前的故事还没完——完不了。"浏览张爱玲的《金锁记》，这些文字讲了生与死的关系，也说明了张爱玲生前最讨厌盛夏，这样的天气容易让人烦躁不安。若论季节，她乐意在黄灿灿的秋色中漫步，享受满目的秋色。或许真是应了宿命，她在这样的季节里出生，又在这样的季节里逝去，把自己的全部都交给了这个季节。

和秋天的相遇，无疑是难得的幸福，虽然有太多的伤感和相望，但张爱玲情愿静处一隅，默默地去想以前的那些事情。尤其是生命的最后几年里，小小的居所就是她的全部。"厌倦了大都会的人们往往记挂着和平幽静的乡村，心里念念盼望着有一天能够告老归田，养蜂种菜、享点清福。殊不知在乡下多买半斤腊肉便要引起许多闲言闲语。而在公寓房子的最上层，你就是站在窗前换衣服也不妨事。"很多人不解，但张爱玲却很享受这样的时光。

刻意躲避着这个社会，努力从人们的视线中消失，一代才女的风华最终还是谢幕了。她没有在意那些虚无的风光，而是带着瘦弱躯体悄悄离去，直至过世了一个多星期，才被房东无意中发现。

孤独的灵魂远去了，用自己的沉默告别了这个世界。当火光燃起来时，缕缕青烟就像飞舞的文字，就像抽象唯美的故事，在四处地弥散着，仿佛在述说着自己的心事，唯一的解脱就是，不再为人生的那些羁绊忧愁。

生死没有选择，但生死依然会不期而至，人生就是这样。曾经以文字穿越过民国烟雨的迷蒙，曾经以出身不凡成为一座城市的佳丽，现在随着一抹轻烟了却了人生全部的羁绊。"人生的结局，总是一个悲剧，老了，一切退化了，是个悲剧，壮年夭折，也是个悲剧，但人生下来，就要活下去，没有人愿意死的，生与死的选择，人当然选择生。"一束束红白玫瑰，了无生机地环绕在她的遗像周围，只是始终自傲的张爱玲再也无法庆祝自己的 75 岁生日了。

按照遗嘱进行："逝后希望火化，不要殡殓仪式……"生前几位好友乘船朝深海而去，大家都不约而同地沉默着，为那个我行我素的灵魂。船来回起伏着，在水面上营造着别样的沉闷，谁都知道没有一个人会留在人世间，但没人想到她会在孤独中逝去。

林式同将一代才女张爱玲的骨灰洒向海面，只见一道道美丽的弧线伴随着浪花，变得难舍难分起来，细碎的灵魂散落在海面上，很快就消失得全无。以往的风光，却抵不过时光百年的消磨。旷阔的海面上，留下的只是难舍的记忆，无论是胡兰成、赖雅，还是炎樱、林式同等人，注定都要从她的记忆中远去。她的灵魂是孤独的，她的再生也不知道何去何从。

一抹轻烟中，眼神中始终透着自傲、敏感的张爱玲远去了，不再为人生的羁绊烦忧，让一如既往的冷寂中多了哀怨和哭泣。

不舍才是活着的痛苦。水花溅起，有些冰凉，轻轻地拭去脸上的浪花，最简单的告别，送她走完了人生的最后一程。阳光映在水面上，苍凉而又凄美，彰显出张爱玲避世而不弃世、执着而不自恃的内心世界。

2017 年 5 月完成于未央九楼斋

2020 年 4 月修改于未央塔楼

2022 年 10 月修改于紫薇书屋